JACOB LEVY MORENO
제이콥 모레노

상담과 심리치료 주요인물 시리즈 ⑫

사이코드라마의 창시자

제이콥 모레노

A. P. Hare · J. R. Hare 지음

서수균 옮김

학지사

J. L. MORENO
by A. P. Hare & J. R. Hare

| 역자 서문 |

"내가 좀 더 오래 살았더라면, 나 역시 모레노 같은 사이코드라마 전문가가 되었을 것이다." 이는 프로이트가 모레노의 천재성과 심리치료에 미친 지대한 영향에 감탄하며 한 말이다. 아마 모레노만큼 많은 사람의 비난과 칭송을 한꺼번에 받은 이도 드물 것이다. 그의 독창적이고 우주적인 사상과 혁신적인 심리치료 기법은 그 탁월한 창의성과 삶의 궁극적인 본질을 과감하게 지적하는 예리함 때문에 당대 지인들의 시기심과 부러움을 한몸에 받기에 충분했다.

모레노는 사이코드라마, 소시오드라마, 계량사회학이라는 세 분야를 선도적으로 개척하였으며, 이를 통해서 집단 및 개인 심리치료, 사회심리학, 사회학, 사회정신의학의 확장에 실로 기여한 바가 크다. Fritz Perls, Eric Berne, Abraham Maslow, 참만남 운동의 선구자인 Will Schutz 등도 모레노가 자신들의 사상이나 치료기법의 개발에 끼친 절대적인 영향을 인정하는 데 주저함이 없다. 인류의 자발성과 창조성 증진을 강조한 그의 인본주의적이고 실존주의적인 인간관과 심리치료자로서의 철학세계는 시대를 앞서간 한 치료자의 천재적인 직관력을 엿보기에 충분하다. 하지만 역자만 하더라도 심리치료에서 흔히 사용하는 '빈의자기법' 과 '역할연기' 가 사이코드라마에 기원하고 있다는 사실을 안 지가 얼마 안 된다. 이처럼 모레노가 심리치료와 심리학에 끼친 영향은 오늘날 흔히 과소평가되고 있다. 이 책이 위대한 선각자인 모레노의 업적과 지혜가 재조명되어 현대인의 기죽은 자발성과 창조성이 활력을 되찾을 수 있는 계기를 마련하는 데 신선한 자극이 되었으면 하는 바람이다.

이 책은 SAGE 출판사의 *J. L. Moreno* 1996년 판을 번역한 것으로, 모레노의 치료이론과 학문적인 업적뿐만 아니라 모레노에 대한 비평도 싣고 있어 모레노를 포괄적이고 객관적으로 이해하는 데 좋은 입문서가 될 것으로 기대된다.

끝으로 이 책이 번역되어 나오기까지 많은 격려와 조언을 해 주신 서울대학교 권석만 교수님과 이 책의 출판을 위해서 지원을 아끼지 않으시고 많은 관심을 가져주신 학지사 김진환 사장님께 진심으로 감사드린다.

2008년 새해에

역자 씀

| 추천의 글 |

많은 아이디어가 갈등, 실망, 좌절을 반복하면서 소수의 개척자와 지지자에게만 인정받다가 나중에야 결실을 맺게 된다. 대부분은 초기에 많은 반대에 부딪혀 고전하며 새로운 아이디어의 전수자가 점점 감소해 가다 급기야는 극소수의 남은 사람에게 고독감마저 안겨 준다. 개척자를 지속적으로 격려해 주는 것은 우주에 대한 그의 관점이 특별하고 타당하며 창의적이고 인류의 복지와 미래를 위해서 필요한 것이라는 개인적인 확신이다. 우리는 후대가 개척자의 이러한 기여를 미래에 재발견해 주기를 기대한다. 개척자가 시대를 앞서간다는 말은 바로 이 점을 두고 하는 말이다. 이는 진실을 탐구하는 많은 사람에게 해당될 수 있지만, 유토피아적인 관점을 가진 탐구자는 그중에서도 특별하다. 굳이 정의하자면 그들은 미래학자라고 부를 수 있다. 유토피아는 항상 근접할 수는 있어도 결코 도달할 수 없다.

그런 미래학자 중 한 명이 바로 Jacob Levy Moreno다. 일반인은 미래에 대한 그의 견해를 쉽게 납득하기 어렵다. 실제로 우리는 그의 견해가 일부라도 실현될 수 있을지 의문시한다. 전체적인 의사를 결정하고 인류세계의 구조를 만드는 데 모든 사람의 선택이 중요하게 기여하는 그런 세계를 만드는 것이 과연 가능한가? 이것은 전체적인 관여성의 관점이다. 엘리트뿐만 아니라 가장 어린아이, 가장 약한 사람, 가장 무지한 사람도 포함된다. 이는 모든 사람이 그 순간에 자신의 욕구를 가장 잘 충족시킬 수 있는 방식으로 동료를 선택할 수 있으며 이를 방해하는 어떤 장벽도 제거되어야 한다는 견해다. 이는 사회경제적인 토양을 잘 만들어서 개인이 자신의 잠재력을 충분히 실현할 수 있도록 성숙시키는 것으로, 법과 규칙이 강조되는 제한적인 조건 속에서는 도달하기 어렵다. 모레노의 비전은 '치료적인 세계질서'에 관한 것이었다.

과학이 빠진 종교, 종교가 빠진 과학과 법전으로는 인간관계에서 파생된 재난을 다룰 수 없다. 이 모두는 소홀히 취급되어 온 한 가지 차원을 숨기고 있었다. 모레노는 인간사회의 공식적 및 비공식적 구조 밑에 있는 또 하나의 층, 즉 숨겨져 있던 차원을 발견했다. 이 층은 정밀한 사회적 방법을 통해서만 드러날 수 있다. 그는 사회에 대한 치유를 의학적인 치료에 비유했다. 흑사병의 창궐은 눈에 보이지 않는 유기체에 의해서 일어나며 현미경이라는 특수한 도구를 통해서만 그 정체를 확인할 수 있다. 사회라는 신체 또한 흑사병을 일으키는데, 그 정체는 눈에 보이지는 않지만 소집단에 대변동을 일으키며 전 세계에 영향을 미치기도 한다.

계량사회학, 집단심리치료와 사이코드라마는 이러한 사회적 질병에 대한 그의 해결책이다. 사회과학자들이 한동안 그의 목소리에 귀를 기울였던 적이 있었지만, 지금 그는 문화에 의해 흡수되고 잠식되었다. 나는 그가 재발견될 것이라고 믿는다. 이 책이 그날을 앞당기는 데 일조할 것으로 기대한다.

Zerka T. Moreno

| 저자 서문 |

Moreno의 계량사회학, 소시오드라마, 사이코드라마 등은 우리에게 친숙한 용어다. Paul은 1948년에 처음 계량사회학에 관한 연구를 발표했으며, 대학원생 시절에 소시오드라마에 입문하였다. 그는 1950년대와 1960년대에 미국사회학회에서 가끔 모레노와 얘기를 나눈 적이 있으며, 모레노가 비엔나의 한 정원에서 나뭇가지 위에 앉아 아이들이 자기가 한 이야기를 행동으로 묘사하는 것을 지켜보던 경험을 귀 기울여 들은 적이 있다. 1954년에 소집단 연구에 관한 관련 서적의 목록이 모레노의 『계량사회학(*Sociometry*)』에 발표된 바 있다. 그때 모레노는 기여도가 높은 자기 저술의 참고문헌을 그 학술지에 기고하였다(Strodtbeck & Hare, 1954 참고).

June은 1971년에 암스테르담에서 열린 제6회 국제 사이코드라마 및 소시오드라마 학회를 통해서 사이코드라마에 입문하였다. 그녀는 집단 작업에 대한 사회사업가로서의 관심을 배우이자 가수인 그녀의 전문적인 경험과 결합시키기로 결심했다. 그녀는 사이코드라마에 대한 서적을 탐독하였고, 1974년에는 Zerka T. Moreno, Ann E. Hale, John Nolte 등과 함께 뉴욕의 비콘에 있는 모레노 연구소에서 사이코드라마 디렉터가 되기 위한 수련을 시작했다. 모레노가 사망하기 몇 달 전부터는 제르카가 전통적인 수련을 계승하였다. Paul도 수련 경험에 합류하여 마침내 자격을 갖춘 '보조자아' 가 되었다. 그 당시 June과 Paul은 비콘에서 상당히 떨어져 있는 남아프리카의 케이프타운에 살고 있었다. 그곳에서도 수련이 가능했다.

June과 Paul은 1977년에 비콘으로 돌아왔다. June이 아래층에서 사이코드라마에 참여하거나 드라마를 감독하는 동안, Paul은 연구소 3층에서 제르카 모레노가 권해 준 모레노의 업적에 관한 엄선된 글을 읽고 있었다. Paul은 지하도서실을 모레노 저서나 저술 활동의 목록을 구성하고 이와 관련된 참고도서를 찾는 데 활용했다. 제르카의 제안에 따라 우리는 모레노의 이론과 방법을 요약한 중요 논문, 그가 실시한 사이코드라마 사례, 그가 출판한 저술에 대한 비평 등을 한데 묶어 놓은 출판물을 찾으려 노력했다. 당시에 그런 출판물을 찾지는 못했지만, 그때 수집한 모든 자료가 직접적인 인용이나 요약의 형태로 이 책에 녹아 있다. 제르카가 모레노 생전에 그가 아이디어를 떠올리도록 촉진했다면, 이번에는 모레노의 가장 중요한 저서의 목록과 사이코드라마 실시 사례를 우리에게 제공해 줌으로써 우리를 위한 촉진자 역할을 해 주었다.

케이프타운 대학의 사회사업 석사학위 논문 연구에서 June은 지역치료 센터에서 알코올중독자를 치료하면서 사이코드라마의 효과와 역할연기의 효과를 비교하였다. 그녀는 모레노 연구소에서 사이코드라마 디렉터로서 수련을 마쳤으며, 1990년에는 미국 사이코드라마, 계량사회학 및 집단심리치료 수련협회에서 수련전문가 자격을 받았다. 그녀는 남아프리카, 미국, 영국, 이스라엘 등지에서 사이코드라마와 사이코드라마적 기법을 가르치고 집단치료에 사이코드라마를 활용하고 있다. 또한 그녀는 이스라엘 사이코드라마 협회의 창립 멤버이기도 하다.

Paul은 사이코드라마를 실시해 본 적이 없으며 보조자아로 치료과정에 참여해 본 적도 없다. 그러나 그는 애초에 모레노의 선집을 위해 모았던 자료를 다른 형태로 출판할 기회를 갖게 되었다. 1979년에는 요약된 모레노의 전기가, 1986년에는 모레노 저술의 완벽한 목록이 그리고 1992년에는 이 책의 3장에 소개된 내용인 허드슨 직업여학교에서 모레노가 실시한 계량사회학 연구 내용이 출판되었다. 계량사회학 연구에 관한 요약이 1962년과 1976년 사이에 있었던 소집단 연구에 관한 개론서에 실렸으며, 1985년과 1988년에는 모레노의 아이디어에 부분적으로 근거한 사회행동에 관한 극작법적인 분석이 책으로 출판되었다.

모레노와 그의 저술에 대해서 수년간 관심을 기울이고 있던 차에, Windy Dryden의 상담과 심리치료 주요인물 시리즈는 모레노의 업적을 다시 살펴보고 이를 새로운 독자에게 소개하고자 하는 우리의 동기를 고취시켜 주었다. Windy Dryden은 이 책을 구성하는 데 도움이 되는 많은 조언을 해 주었다.

이 책이 나오기까지 많은 분의 도움이 있었다. 제르카 모레노는 초고를 읽고 수정해 주었을 뿐만 아니라 모레노의 삶에 대한 부가적인 통찰도 주었다. 우리가 모레노의 삶을 더욱 명료하게 볼 수 있게 도와준 모레노의 아들 Jonathan

Moreno에게도 고마움을 전하고 싶다. Grete Leutz, Ed Borgatta(『계량사회학』의 편집자), Ann Elizabeth Hale, Peter Felix Kellermann 등은 모레노나 제르카에게서 훈련받은 사람들로 자신들의 생각을 이 책에 더해 주었다. 정신과의사이자 사이코드라마티스트인 Adam Blatner는 모레노 업적의 다양한 중요성에 대한 자신의 생각을 기고해 주었다. 심리학자 Dean Peabody와 Herbert Blumberg는 논평을 해 주었다. 모레노를 사회과학자로 알고 있는 Henry Meyer, Leonard Cottrell, Theodore Newcomb, Wellman Warner 등은 1978년과 그 전에 글을 남겼기에 지면을 통해서나마 그들에게 감사를 표하고 싶다. 모레노에 대해서 친숙하지 않은 Barbara Rosenstein과 Carol Troen은 초고를 읽고 비전문적인 독자가 이 책을 접하고 받을 수 있는 인상에 대해서 조언해 주었다. Rene Marineau

는 우리 원고를 읽지는 않았지만, 우리는 모레노의 삶에 대한 그의 책(1989)을 여러 번 읽었다. 우리 책 첫 장의 상당 부분은 Marineau의 전기에서 자료를 얻어 쓴 것이다.

끝으로 이 책의 편집과 출판에 도움을 준 Susan Worsey, Rosenmary Campbell, Derek Todd에게 특별한 감사를 드린다.

A. Paul Hare &
June Rabson Hare

목 차

1 Jacob Levy Moreno의 생애

Jacob Levy Moreno(1889~1974년)는 사회 변화를 위한 혁명적인 목표를 세웠다. 그것은 개인을 결집시켜 조화로운 대인관계를 맺어 갈 수 있게 함으로써 효율은 극대화하고 분열은 최소화시켜 효율적으로 기능하는 사회집단을 창조하는 것이었다(1934: xii). 이를 위해서 그는 '자유기법(technique of freedom), 즉 가장 큰 조화와 통일을 이루기 위해서 자발적인 사회적 힘을 조율하는 기법' 을 추구하였다(1934: 7).

'역할' 은 모레노 이론의 핵심 개념으로 모레노 자신이 많은 역할을 수행한 장본인이기도 하다. 그는 정신과의사, 극작가, 신학자, 시인, 철학자, 발명가, 집단심리학자, 사이코드라마 디렉터, 소시오드라마 디렉터, 계량사회학자, 사회정신의학자, 교육자였다. 그는 이 모든 영역에서 중요한 기여를 했지만, 특히 사이코드라마, 소시오드라마, 계량사회학에서 가장 창조적이었으며, 이 세 분야는 사회과학과 집단심리치료에 많은 영향을 미쳤다. 모레노는 이들 각각의 분야가 개인 내에 잠재해 있는 신적인 창조적인 능력을 일깨워 주고 진정으로 자유로운 세상을 구현하는 데 지대한 기여를 할 것으로 기대하였다.

모레노는 자신의 모든 작업을 '계량사회학 운동' 으로 보았다(1953: xiii). 보다 제한적인 의미의 계량사회학적인 접근에서 그는 집단 구성원들 간의 긍정적 및 부정적 관계에서 일어나는 감정과 지각을 측정하였을 뿐만 아니라, 이를 집단역동, 집단심리치료, 역할연기, 상호작용 연구, 사이코드라마(개인의 관심사에 초점을 두는 극), 소시오드라마(사회 역할과 사회적 관심사에 초점을 두는 극)까지 확대시켰다. 그는 자신의 주요 활동을 시기별로 다음과 같이 구분하였다.

1911~1923년: 이 시기는 아이디어 형성기라고 할 수 있다. 그는 철학과 학생이었다가 나중에는 의학과 학생으로서 경험을 쌓았으며 비엔나에서 자발적 참여극(spontaneity theater)에 대한 생각을 다져 나갔다.

1923~1934년: 이 시기는 자발적 참여극에 관한 독일어판 출판으로 시작해서 『누가 살아남을까?(*Who Shall Survive*)』

의 출판으로 마무리된다. 이때 그는 뉴욕 주 소재의 허드슨 직업여학교에서 광범위한 계량사회학 연구를 하였다.

1937~1942년: 이 시기에 그는 소시오드라마 저널을 발간하고 소시오드라마 연구소와 뉴욕사이코드라마센터를 설립하는 등 가장 왕성한 활동을 하였다.

1942~1974년: 이 시기 동안 그는 전 세계를 여행하면서 심리치료, 사이코드라마, 소시오드라마, 계량사회학에 관한 그의 생각을 널리 알렸다.

여기서 소개할 모레노의 생애는 그의 출생과 몇몇 아동기 경험(이 경험은 그의 전 생애에 걸쳐 반복되어 나타나는 주제임)에 관한 내용을 제외하고는 위의 전반적인 개관을 따르고 있다. 그를 지지하고 그에게 영감을 불어넣어 준 여성들의 역할도 주목할 만하다. 필요에 따라서는 모레노의 말을 직접 인용하기도 하였다.

초기 사건들

모레노는 1889년 5월 18일 루마니아의 부카레스트에서 태어났다. 부모는 모두 스페인계 유태인 후손으로 아버지는 Moreno Nissim Levy이고 어머니는 Paulina Iancu이다. 결혼할 당시 부친은 32세의 가난한 떠돌이 외판원이었고,

모친은 14세로 오빠의 권유로 남편과 결혼했다. 그녀는 가톨릭 여자 수도원의 학생으로 프랑스어와 프랑스 문화, 기독교 가치관 속에서 자랐다. 결혼 후에는 남편이 발칸반도를 돌아다니며 '터키 세공품'을 파는 동안 혼자 생활해야 했다.

모레노의 모친은 그가 평범한 환경에서 태어났다고 했지만, 모레노는 자신이 흑해를 항해 중인 선상에서 태어나 방랑자이자 세계의 한 시민으로 삶을 시작했다고 말했다. 그는 밑으로 세 명의 여동생과 두 명의 남동생을 둔 6남매 중 맏이였다. 그의 가족은 그가 태어난 후 5년간 루마니아에 살다가 비엔나로 옮겨 와 살았다.

Marineau(1989: 12)는 모레노의 배경과 관련해 두 가지 점을 강조하였다. 첫 번째는 모친의 프랑스식 양육방식의 영향이다. 한 예로 집에서는 모레노를 부를 때 Jacob을 Jacques로 불렀다. 두 번째는 Levy라는 그의 성이 점차 부친의 이름인 Moreno로 대체되어 갔다는 점이다. 모레노는 부친의 이름을 자신의 성으로 사용한 최초의 사람이었으며, 이런 전통은 여동생 샬로트를 제외한 모든 가족에게로 이어졌다. 이렇게 부친의 이름을 성으로 사용함으로써 그는 스스로 새로운 가문을 만든 셈이 되었다. 모레노는 자신의 이름의 유래에 대해 다음과 같이 언급하였다(Moreno, 1958: 260).

모레노라는 이름은 흔히 스페인이나 이탈리아식 이름으로 여겨져 왔다. 사실 둘 다 잘못된 추측이다. 나는 스페인계 유태인이다. 내 조상 중에 랍비가 있었지만 나는 랍비의 아들은 아니다. 아버지의 이름은 원래 Morenu Levy였다. Morenu는 유대어로 '우리의 스승'이라는 의미다. 아버지는 Morenu를 Moreno로 바꾸었다. 그래서 내 이름은 J(acob) L(evy) Moreno가 되었다.

모레노는 그의 어머니를 비롯해서 주변 사람들과 특별한 관계를 맺었다(Marineau, 1989: 15). 돌 무렵에 그가 구루병 발작을 심하게 보였던 적이 있었다. 어머니가 그를 데리고 밖으로 나갔을 때, 마침 지나가던 집시가 그를 보았다. 집시는 정오에 아기를 뜨거운 바닥에 놓아두면 태양이 아기를 치료해 줄 것이라고 했다. 그리고 아기가 장차 위대한 사람이 될 인물이며 그를 보기 위해서 세계 각지로부터 사람들이 몰려올 것이라는 예언을 덧붙였다. 그날 이후로 그의 어머니는 신이 자신에게 특별한 임무를 주었다고 믿었고 그 임무는 모레노의 건강을 회복시켜 그가 자신의 미래를 맞을 준비를 시키는 것이었다.

4세 반이 되었을 때, 그는 부모가 나간 뒤에 놀이에서 처음으로 신이 되어 보았다. 이는 성인이 되었을 때 그의 작업의 주요 주제가 되었다(1972: 2).

내가 4세 반이었을 때 우리 부모님은 다뉴브강 근처에서 살았다. 부모님은 주말이면 나를 혼자 남겨 두고 집을 비우셔서 나는 동네 아이들과 지하실에서 함께 놀곤 했다. 지하실은 일반 방 크기의 세 배는 되었으며 큰 참나무 탁자가 중앙에 덩그러니 있었다. 아이들이 말했다. "우리 놀이 하자." 한 아이가 내게 물었다. "무슨 놀이를 하지?" 내가 "신과 천사 놀이 어때?" 하고 말하자 아이들이 물었다. "누가 신을 하지?" 이에 나는 "내가 신이고 너희들은 천사야."라고 말했고, 아이들은 내 말을 따랐다. "먼저 천국을 만들어야 해."라고 하면서 아이들은 집에 있는 모든 의자를 지하실로 가져와 탁자 위에 차곡차곡 쌓기 시작했다. 맨 위의 의자가 거의 지하실 천장에 닿을 때까지 의자를 쌓아 올렸다. 그러고 나서 나는 애들의 도움을 받아 맨 위에 있는 의자에 올라가 앉았다. 아이들은 탁자 주의를 빙 둘러싸고 팔로 날갯짓을 하며 노래를 불렀다. 그때 한 아이가 내게 물었다. "너는 왜 날지 않니?" 나는 팔을 쭉 뻗어 날았다. 그 다음 나는 팔이 부러진 채 바닥에 떨어져 있었다. 이 경험은 내가 기억하는 한 내가 수행한 최초의 '개인적인' 사이코드라마 회기였다. 나는 거기서 디렉터였으며 등장인물이었다.

모레노는 신놀이 게임을 그 뒤에도 반복하였으며, 그의 어머니는 그의 이런 행동을 충분히 지지해 주었다. 모레노는 사이코드라마의 무대가 왜 하나의 발코니와 세 층의 구조로 이루어졌는지 종종 질문을 받곤 했다.

> 최초의 영감은 이런 개인적인 경험에서 비롯되곤 했다. 나는 천장에 닿을 정도로 쌓아 올린 천국의 형상에서 아이디어를 얻어 사이코드라마 무대를 여러 수준의 수직적인 차원으로 만들 생각을 하게 되었다. 첫 번째 수준은 구상해서 시작하는 단계이고, 두 번째 수준은 성장단계이며, 세 번째 수준은 완성과 행위의 단계다. 그리고 네 번째 수준은 발코니에서의 메시아나 영웅의 출현이다. 신의 역할을 하기 위해서 고생하는 것은 사이코드라마 무대에서 주인공이 자발적인 참여를 하게 되기 전까지 겪는 웜업 과정에 비유될 수 있다. 아이들이 의자를 잘 받쳐 주지 않아 내가 떨어지곤 했는데, 이는 가장 높은 존재마저도 다른 사람에게 의지하고 있다는 교훈을 내게 가르쳐 주었다. 여기서 다른 사람은 사이코드라마의 보조자아에 해당될 수 있다. 나는 다른 아이들도 신놀이를 좋아한다는 것을 점차 알게 되었다(1972: 3).

모레노가 어머니와 가까웠지만, Marineau는 모레노의 생에서 가장 중요한 관계를 아버지와의 관계로 보았다(1989: 17-18). 어린 모레노는 그의 아버지가 집을 떠나 많은 시간을 보내긴 했어도 여전히 그를 사랑했고 이상화했으며,

어머니와 삼촌들에 맞서 아버지와 한편이 되었다. Marineau는 모레노가 아버지를 내면화하였는데 이것이 그의 과대망상적인 경향을 강화시켜 주었다고 보았다. 아버지에 대한 이런 내적 표상은 점차 신비화되어 나중에는 신에 대한 표상과 혼동되기도 하였다. 신과의 동일시는 학교에 들어가 얼마 안 있어 그가 보인 다음의 행동에서 확인할 수 있다. 그는 학교에서 사람들이 그를 부를 때 성을 사용하는 것을 싫어했다. 심지어는 동생들이 그렇게 부르는 것도 싫어했는데, 그 이유는 신은 성이 따로 없다는 거였다.

모레노가 6, 7세경에 그의 아버지는 오스트리아로 이사해서 비엔나에 있는 회사에서 일했다. 모레노는 비엔나에 있는 학교를 다녔는데, 그의 왕성한 호기심과 높은 지능으로 인해 얼마 안 되어 학교에서 많은 인기를 얻었다. 그의 가족이 유태인의 정체성을 강조하는 편은 아니었지만, 그는 비엔나의 한 스페인 사원에서 성년식을 치렀다.

그가 14세 때 가족은 다시 이사를 갔는데, 이번에는 베를린이었다. 모레노에 대한 아버지의 헌신은 대단했다. 한 예로 모레노는 부친이 자신을 베를린 소재의 김나지움[역자 주] 4학년 반에 입학시키기 위해서 경제적인 어려움에도 불구하고 라틴어 개인과외 선생을 붙여 준 사실을 들었다. 그러나 모

역자 주 | 수업 연한 9년의 중등학교.

레노는 독일의 문화와 학교체제에 잘 적응하지 못해 결국 비엔나로 다시 돌아가야 했다.

이 무렵 모레노는 삼촌과 함께 이탈리아를 여행하였는데, 플로렌스에서 피아라는 젊고 아름다운 여인을 만나 사랑에 빠졌다. Marineau(1989: 21)는 피아가 그의 어머니를 대체한 그의 첫 번째 '여신(muse)' 이었으며, 모레노에게 많은 영감과 동기를 심어 주었다고 기술하였다.

부모의 별거로 모레노는 분노와 우울감에 휩싸이게 되었다. 그전까지 모범생이었던 그가 선생님에게 반항하고 수업을 빼먹기도 했다. 결국 그는 김나지움을 도중에 그만두었다. 학교를 쉬는 동안 그는 독일의 한 지방 도시 켐니츠에 살고 있던 그의 가족을 찾아갔다. 거기서 어느 날 밤 공원의 예수상 앞에서 자신이 특별한 사람이며 특별한 사명을 갖고 이 행성에 오게 되었다는 영감을 받았다. 세상에 대한 적대감과 심한 반항심으로 똘똘 뭉쳐 있었던 그가 이제는 새로운 세상을 건설하기로 마음을 고쳐먹은 것이다.

전문가를 꿈꾸던 비엔나 시기(1909~1925년)

대학에 들어가기 전에 모레노는 2년간 집중적인 영적 탐구에 심취했다. 그는 신이 자신을 필요로 한다고 느꼈으며, 그 사명이 뭔지 찾으려 노력했다. 그는 혼자서 많은 책을 읽었다. 어느 날 그는 자신이 신의 하인이라 느꼈으며, 이어서 자신이 전능자의 분신이요, 심지어는 자신이 곧 신이라고까지 여기게 되었다. 그는 행동이 말보다 훨씬 중요하며 경험이 책보다 더 좋은 스승이라고 확신하였다.

모레노는 1909년에 비엔나 대학에 입학했다. 한동안 그는 오스트리아 농부가 즐겨 입는 푸른색 망토를 두르고 학교를 돌아다녔으며 모자는 쓰지 않았고 수염을 길렀다. 어느 날 아침 Chaim Kellmer라는 학생이 그에게 다가왔는데, 곧 두 사람은 서로에 대한 신뢰감 위에 깊은 우정을 쌓아갔다. 카임은 모레노의 가족을 찾아가곤 했으며, 모레노와 그의 어머니 사이에서 중개 역할을 하기도 하였다. 모레노의 어머니는 그가 너무 특이하게 행동하지 않았으면 좋겠다고 카임에게 토로하곤 했다. 카임은 모레노와 함께 공원을 산책하며 아이들과 어울리곤 하였다.

이 둘은 함께 '참만남의 종교' 라는 모임을 만들었는데, 이는 자체적인 규율을 갖고 있는 하나의 공동체였다. 세 명의 학생이 더 참여했으며, 이민자와 피난민에게도 개방되었다. 이 단체의 슬로건은 '어떤 국적의 사람이든 환영합니다. 우리는 여러분의 쉼터가 되어 드리겠습니다.' 였다. 이민자가 서류나 공문서를 작성하거나 일자리를 찾는 것을 도와주었다. 매일 밤 실제적인 문제에 대한 열띤 토론이 벌어지는가 하면, 함께 노래를 부르며 즐거운 시간을 보내기도 하였다.

이 단체의 구성원은 모두 익명성 정책을 따르고 있었다. 모든 이들은 자신의 이름을 버리고 박애정신에 입각해서 모든 것을 공유하는 기독교적 전통을 따랐다.

> 나의 새로운 종교는 존재와 자기 완성의 종교이자 도움과 치유의 종교였다. 돕는 것이 말보다 더 중요했다. 침묵의 종교였다. 보상이나 인정을 바라지 않고 순수한 마음으로 뭔가를 하고자 하는 종교였다. 그것은 익명성의 종교였다.

모레노가 리더 역할을 했는데, 제1차세계대전이 시작되고 얼마 안 되어 참만남의 집은 문을 닫았으며 다섯 명의 구성원은 뿔뿔이 흩어졌다. 친구인 카임은 전쟁 중에 결핵으로 사망했다.

모레노는 김나지움을 도중에 그만두었기 때문에 비엔나 대학의 의학부로 바로 들어갈 수 없었다. 그래서 필기시험과 구술시험을 치르기 전에 당분간 철학부에 적을 두고 있어야 했다. 1909년과 1910년에 그는 전통적인 철학수업 과정에 참여했으며 동시에 의학부 수업도 들었다. 1910년에는 10학기제인 의학부로 옮겨 첫 학기를 시작하였다. 의대에 다니던 중에 그는 신경정신과 과장으로 있던 Otto Pötzl 박사의 눈에 띄어 그 밑에서 조수로 일하게 되었다. Pötzl과의 인연은 그에게 대학 클리닉과 정신과 병원에서 일할 기회를 갖게 해 주었다. 그것은 정신질환자 시설에 대한 그의 첫 경험이었다.

1911년 대학생 시절, 모레노는 창조자가 될 수 있다는 자신의 생각이 강화받는 일련의 경험을 하였다. 그는 다음과 같이 말했다. "나는 익명성과 자발성 그리고 불을 지피는 나무 같은 창조성을 지녔다. 나는 비엔나의 거리와 공원에서 나만의 신놀이를 즐기기 시작했다." 그는 그 경험을 다음과 같이 얘기하고 있다.

> 하루는 대공의 궁 근처에 있는 정원을 거닐고 있었는데 한 무리의 아이들이 놀고 있는 것이 보였다. 나는 멈춰서 그들에게 얘기를 들려주었다. 놀랍게도 다른 곳에 있던 아이들까지 하던 놀이를 멈추고 내게 귀를 기울였으며, 나중에는 유모차를 끌고 가던 보모, 부모, 말 탄 경찰까지 합류했다.
>
> 그날 이후로 나의 가장 즐거운 소일거리는 비엔나 정원의 큰 나무 아래 앉아 찾아온 아이들에게 요정 얘기를 들려주는 것이었다. 여기서 중요한 점은 내가 요정 얘기 속에 나온 사람처럼 나무 아래 앉아 있고 아이들이 마치 마술피리에 홀린 듯이 내게로 다가와 칙칙한 현실에서 벗어나 요정 나라에 와 있는 것처럼 느낀다는 것이다. 이는 내가 들려주는 동화 얘기를 넘어서서 비현실이 현실이 된 신비롭고도 역설적인 경험이었다. 그 중심에 내가 있었다. 가끔 나는 나무 위로 올라

가 가지 위에 앉곤 했다. 그러면 아이들이 원을 만들어 나를 둘러쌌고 계속해서 겹겹이 원을 만들어 둘러쌌다. 나는 이 원이 무한히 계속되는 것처럼 느꼈다(1953: xviii).

모레노는 정말 '신의 은총' 으로 자신이 무한한 힘을 갖게 된 것처럼 느꼈다. 그는 아이의 세계에서 벗어나 사회의 틀 내에서 '신처럼 생각하고 살아가는 것' 을 해 보고 싶다는 생각에 강박적으로 사로잡혔다. 그는 '신 신드롬(God syndrome)' 에서 벗어날 수 있는 유일한 방법은 실제 그렇게 행동해 보는 것이라는 결론에 이르렀다.

모레노의 직접적이고 도전적인 태도는 엉뚱한 행동을 초래하기도 했다. 1911년 어느 날, 그는 친구와 극장을 찾았다. 극장에서는 니체의 '차라투스트라는 이렇게 말했다' 가 공연 중이었다. 모레노는 갑자기 연기 중인 배우를 막아서며 차라투스트라를 제외한 누구도 그 배역을 할 수 없다고 외쳤다. 연출가와 극작가가 배우를 보호하기 위해서 무대로 올라왔다. 그때 모레노는 다시 외쳤다. "여러분은 전통적인 연극의 종말을 보고 계십니다. 이제 배우가 정해진 역할을 연기하지 않고 자신을 연기하는 진정한 극이 탄생할 때입니다." 결국 모레노와 친구는 신고를 받고 출동한 경찰에 붙잡혀 나갔으며, 나중에 판사 앞에서 앞으로 다른 사람의 극을 방해하는 일이 절대 없을 거라는 다짐을 해야 했다. 유사한 사건이 공원에서 아이들과 놀이를 할 때도 일어났다. 이 이야기는 1919년 *Daimon*에 실린 '코미디언 혹은 배우로서의 신(The Godhead as Comedian or Actor)' 의 틀이 되었다(Marineau, 1989: 45-46).

모레노는 자기 아이디어에 영향을 주었거나 자신이 영향을 준 옛 사람을 떠올리기를 좋아했다. 그는 프로이트와의 만남을 다음과 같이 기술하고 있다(1972: 5-6).

> 나는 프로이트를 단 한 번 우연히 만난 적이 있다. 1912년 빈 대학의 정신과 클리닉에서 일하고 있을 때, 그의 강의를 들었다. 프로이트가 정신감응 꿈분석 강의를 마친 직후였다. 학생들이 책을 정리해서 나가고 있을 때, 프로이트는 내가 뭘 하고 있는지 물었다. "프로이트 박사님, 저는 선생님이 멈춘 지점에서 출발하려고 합니다. 저는 사람들을 길거리나 그들의 집과 같은 자연적인 환경에서 만납니다. 선생님은 사람들의 꿈을 분석하시지요. 저는 그들에게 다시 꿈을 꿀 수 있는 용기를 주려 합니다. 저는 사람들에게 신처럼 되는 법을 가르칩니다."
>
> 프로이트는 의아스럽다는 듯이 날 보았다. 정신분석은 젊은이들 사이에 두려운 분위기를 조성했다. 신경증에 대한 두려움은 그 시대를 반영한 것이었다. 정신분석은 천성에 맞서 싸움을 걸어왔으며, 사람들이 자신의 콤플렉스 때문에 스스

> 로를 꾸짖고 불신하도록 만들었다. 다윈과 마르크스가 자연과 사회에 대한 창조적인 우주의 힘을 무시한 뒤로, 남은 마지막 단계는 정신분석에 의해 천성이 무시되는 것이었다. 그것은 열등한 마음이 모든 것을 가장 천한 수준으로 깎아내리는 일종의 복수였다. 모든 사람은 콤플렉스를 가지고 있다. 창조적인 사람도 예외가 아니다. 그렇기 때문에 모든 사람은 똑같다. 모든 사람이 천성을 갖고 있으나 어떤 사람은 천성을 따르려고 노력하고 어떤 사람은 천성을 대수롭지 않게 여긴다. 블레셋 군대가 삼손을 쓰러트렸다. 삼손은 모든 사람에게서 칭송받았지만 비이성적인 두려움이 있었다. 그는 우리보다 더 강하지는 않았다. 긴 머리가 그의 유일한 콤플렉스였다. 모든 사람은 자신의 머리가 길도록 내버려 둘 수 있다.

모레노는 빈 대학 재학 시절에 시위에 참여하기도 하고 정치적 입장이 다른 사람들과 몸싸움도 벌이곤 했다. 그는 당시에 독일국가사회당원(Nazis), 공산주의자, 실존주의자였으며 실존주의 운동에 동참했다. 독일국가사회당은 독일인이 세계를 다스리기 위해서 세계를 정복해야 한다고 주장했다. 공산당은 노동자 계급을 위해서 세계를 정복하고자 했다. 대조적으로 초기 실존주의자들은 실존 그 자체를 신성시하고 강조했다. 실존이 위협을 받는다고 여겨질 때마다 실존주의자들은 인위적이고 강제적인 것에 대항하고 타고난 자신의 모습을 회복하려고 노력했다(1989a: 47-48). 실존주의 운동의 첫 번째 원칙은 포용성이었고, 두 번째 원칙은 모든 존재하는 것들의 선함, 특히 순간의 즉흥성과 창조성에 대한 관념 및 즉각적인 경험의 강조였다.

1913년과 1914년은 모레노에게 집단심리치료의 탄생기였다. 집단심리치료는 행동화(acting-out)에 대한 생각과 함께 발전했다. 모레노는 한 가지 이야기를 들려줬다.

> 어느 날 오후 내가 프라터가를 걷고 있을 때, 한 예쁜 아가씨가 내게 미소 짓고 있었다. 그녀는 눈에 띄는 빨간색 치마와 붉은색 리본으로 장식된 흰색 블라우스를 입고 있었다. 내가 말을 채 붙여 보기도 전에 한 경찰이 와서 그녀를 데리고 갔다. 나는 뒤쫓아갔다. 그들은 경찰소로 들어갔다. 잠시 뒤에 그녀가 나왔고, 나는 그녀에게 안에서 무슨 일이 있었는지 물었다. 그녀는 "손님을 유혹할 수 있으니 낮에는 그렇게 눈에 띄는 옷을 입지 말래요. 해가 진 뒤에는 그런 옷을 입어도 된대요."라고 말했다(1953: xxviii-xxix).

당시 빈에는 매춘부를 위한 홍등가가 있었는데, 그들은 직업적인 특성 때문에 일반 사회로부터 격리되어 지냈다. 모레노는 성병 전문가인 Wilhelm Gruen 박사와 빈 신문

*Der Morgen*의 발행인인 Carl Colbert와 함께 홍등가를 찾아갔다. 모레노는 매춘부를 선도하거나 분석하기 위해서 찾아간 것이 아니었다. 대신 그는 매춘부가 자신에 대한 존중감과 존엄성을 갖도록 돕고 싶었다. 그는 경제적인 측면보다는 치료적인 측면에서 그들에게 접근했다.

모레노와 그의 동료들은 각기 10명 내외의 아가씨들로 구성된 8개의 집단을 매주 두세 번 만났다. 오후 차 마실 시간에 만나서 그들의 일상적인 삶(체포, 성병, 임신)에 대해서 얘기를 나누었는데, 초기에는 아가씨들이 겁을 먹고 피했으나 점차 그 모임이 자신들에게 도움이 된다는 것을 깨닫고는 마음을 열기 시작했다. 나중에는 그들에 대한 변호나 치료를 자원하는 변호사와 의사가 나타나기도 했다. 그들은 점차 서로를 돕는 방법들을 찾아나갔다. 모임을 운영하고 그들의 병을 치료하기 위한 기부금이 모이기 시작했다. 모르는 사람이 봤을 때는 이 모임이 매춘부 조합처럼 비춰졌을 것이다. 모레노는 이 모임을 통해서 개인이 다른 사람을 위한 치료자 역할을 하는 집단심리치료의 잠재성을 확인하고 그 현실성을 발견하였다.

의대생 시절에 모레노는 틈틈이 법원의 공판을 보러 갔다. 집에 돌아와서 그는 친구나 가족과 함께 공판을 다시 극으로 구성하곤 했다. 그는 판사와 배심원을 비롯해서 모든 역할을 맡아 보곤 했다. 이런 경험을 통해서 모레노는 공판의 결과를 어느 정도 예측할 수 있게 되었다. 그는 변호사가 왜 졌는지, 배심원들이 왜 설득되었는지를 친구들에게 설명해 주곤 했다. 그의 친구들은 모레노의 예측이 얼마나 정확할지 추측하며 공판 결과를 기다렸다(Marineau, 1989: 40).

제1차세계대전 동안 모레노는 종교적인 희열감을 보다 정상적인 활동으로 전환시켜 갔다. 그를 지지하고 따랐던 친한 사람들은 뿔뿔이 흩어졌고 친구 카임은 죽었다. 그는 1914년에 입대를 자원했으나 시민권에 문제가 있어 군복무가 허가되지 않았다. 아버지에게서 터키와 루마니아 국적을 물려받아 오스트리아 시민권을 얻지 못했던 것이다. 정부는 그의 많은 임상 경험을 인정하고 의대 상급생인 그를 의료관료로 고용하였다. 그는 태어나서 처음으로 급료를 받고 일하게 되었다. 그의 첫 발령지는 미텐도르프 난민캠프였다(1989b: 63).

미텐도르프 난민캠프

1915년에서 1917년 사이에 모레노는 난민캠프에서 소장이자 의료 관료로서 일했는데, 이 캠프는 이탈리아 군대를 피해 티롤 남부 지방에서 피난 온 사람들이 임시로 거주하는 곳이었다. 수천 명의 사람들이 자신의 집을 떠나 임시 보금자리를 찾고 있었다. 캠프에 도착하면 먼저 막사를 배정

받았는데, 막사는 많으면 그 인원이 백여 명에 이르기도 했다. 모레노가 캠프로 발령받았을 때 거의 만 명 이상이 캠프에서 살고 있었으며, 그 대부분은 노인, 여자, 아이들이었다. 모레노는 캠프의 어린이병동을 맡아 젊은 의사로서 치료에 임했다.

그는 캠프의 생활상에 관심을 갖고 관찰하기 시작하면서, 공동체가 활력을 찾기 위해서는 대인관계적인 유대를 활성화하는 것이 무엇보다 중요하다는 인식을 갖게 되었다. 서로 다른 배경의 많은 사람이 자신의 선택과는 무관하게 함께 생활해야 했다. 그중 상당수의 사람은 산에서 생활하던 사람들로 캠프 환경에 익숙하지 않았다. 모레노는 국적, 성별, 정치적 입장에 따라, 그리고 감독자냐 난민이냐에 따라 다른 심리적인 적응을 보이는 것에 관심을 갖기 시작했다. 이를 통해서 그는 심각한 부적응과 장애를 초래하는 주요 요인을 찾고 싶었다. 이때의 경험은 그에게 계량사회학적으로 계획된 공동체를 만드는 것이 가능하다는 중요한 통찰을 주었다.

모레노는 1917년 2월에 빈 대학에서 의학박사 학위를 받았다. 졸업식장에서 학장은 그의 어머니에게 "자제분은 앞길이 유망한 인재입니다."라고 말했다.

Bad Vöslau와 마리안느

모레노는 1918년에서 1925년 사이에 오스트리아 Bad Vöslau에서 공중보건 관료로 근무했다. 그곳은 온천 휴양지로 빈의 외곽에 있는 포도 재배지 내에 있었으며, 오스트리아에 거주하는 유태인을 위한 특별 지역이기도 했다. 그는 또한 그 도시에서 가장 큰 방적공장의 의료 감독관으로도 일했으며, Vöslau와 빈에서 개인치료도 했다.

Bad Vöslau에서 그가 도시의 보건 관료로 그리고 섬유공장의 의료 감독관으로 급료를 받고 있었기 때문에, 개인적인 치료에 대해서는 주민에게서 사례를 받지 않았다. 그는 특히 가난한 사람을 위해서라면 언제든지 시간을 허락했다. 하지만 아기 분만은 자신이 할 수 없어서 다른 의사에게 맡겼다.

모레노는 Bad Vöslau에 도착하고 얼마 안 있어 Marrianne Lörnitzo를 만났다. 그녀는 가톨릭 신자로서 가족에 헌신적인 사람이었다. 모레노는 지나가던 그녀를 보자마자 반했고 몇 주가 지나 그녀가 가벼운 진료를 받기 위해 그를 방문했을 때, 두 사람은 서로에게 끌렸다. 그녀는 곧 그의 조수이자 비서가 되었고 연인이 되었으며, 무엇보다도 그의 영감의 원천인 '여신' 이 되었다. 어머니나 피아와의 플라토닉한 로

맨스 이후로 그는 이런 사랑을 느껴 본 적이 없었다. 마리안느는 모레노의 집으로 들어와 함께 살았다.

모레노는 그녀와 자신의 관계가 일반적인 연애와는 다르다고 했다. 그의 자서전에서(1985, 7장; Marineau, 1989: 61에서 인용) 그는 자신의 환상적이고 이상주의적인 생각을 나눌 수 있고 자신을 육체적 및 정신적으로 사랑할 수 있는 존재를 원했다고 기술하고 있다. 모레노는 자신이 한 남자인 동시에 신 플레이어(God-player)라고 생각하면서부터는 한 남자의 연인인 동시에 신 플레이어의 연인이 될 수 있는 여성을 찾고자 했다. 그는 그런 여성을 시인에게 영감을 불어넣는 여신에 비유했다.

모레노는 어려서부터 내부에서 들려오는 낯선 목소리를 들었지만 남들이 알면 자신을 미쳤다고 할까 봐 혼자서만 그 비밀을 간직하고 있었다(Marineau, 1989: 62). 모레노는 이 비밀을 마리안느에게 털어놓았고 내부에서 들려오는 목소리를 그녀와 함께 나누었다. 두 사람의 생활은 이러한 '내적이고 상호적인 경험'과 함께하고 있었다. 모레노는 "나는 갑자기 새로 태어난 기분이었다. 나는 내 내부의 목소리를 듣기 시작했다. 그것은 정신과 환자들이 듣는 것과는 달랐다. 모든 존재에 닿을 수 있고 모든 존재와 동일한 언어로 소통할 수 있고…… 그것은 우리에게 희망을 주고 방향을 알려 주며 우주의 지시와 의미를 알려 주기도 한다."라고 말했다. 어느 날 그는 영감에 휩싸여 집에 돌아왔다. "어떤 목소리가 들려왔는데, 그것은 마치 시의 한 구절 같았다. 나는 그것을 받아 적고 싶은 충동을 참을 수가 없었다. 빨간 펜을 쥐어 들고 위층 방으로 올라가서 벽에다 글을 쓰기 시작했다." 벽에 적은 글은 시의 형식을 띤 다음과 같은 글귀였다.

오! 깨어나라.	O open yourself
5월의 봄이 골짜기를 메웠네	Valley of May
당신을 창조하신 분을 위해	To the One who created you

모레노는 마리안느와 함께 그 목소리가 다시 들려오기를 기다렸고, 어느 날 밤 그 목소리를 다시 들을 수 있었다. 신이 끝없는 지평선 너머에서 그들과 소통하는 것 같았다. 이 경험으로 모레노는 장문의 시를 쓰게 되었는데, 이는 나중에 '창조주의 말씀(The words of the Father)'이라는 제목으로 발표되었다(1971: 49-57). 시는 이렇게 시작된다.

나는 신이요	I am God
아버지	The father
우주의 창조주다.	The creator of the universe
이는 나의 말이요	These are my words

창조주의 말씀이다. The words of the father

그는 Bad Vöslau로 옮겨 오면서 아버지의 이름인 모레노를 자신의 성으로 사용하기 시작했다. 그리고 서명할 일이 있으면 Jacob Moreno Levy라고 썼다. '창조주의 말씀' 을 비롯해서 발표된 그의 여러 편의 시에는 자신이 창조주가 되고자 하는 열망이 상징적으로 표현되어 있다. 그는 독자에게 자신의 타고난 창조성과 우주 속의 한 존재로서의 책임을 느낄 때에만 자기실현을 이룰 수 있다고 역설하였다.

그의 시는 종교에 대한 그의 생각도 담고 있다. Bad Vöslau에서 그는 참만남의 종교 모임을 다시 꾸렸으며 추종자들도 늘어갔다. 그는 한 번은 교회 앞에서 만난 가톨릭 신부에게 가두설교가 필요하다고 주장했다. 이후에 그는 이 이야기를 '설교자이신 신(The Godhead as Preacher)' 이라는 제목의 시로 발표했다(1919). 이 사건은 그와 마리안느를 사회적으로 고립시키는 결과를 초래했다. 발표한 시는 모레노에 대한 온갖 구설수를 만들어 냈다. 모레노의 일부 추종자는 이 시를 그가 남긴 가장 중요한 작품 중 하나로 보기도 하지만, 많은 사람들이 이 시를 못마땅해 했다. 모레노에 대해 비판적인 사람들은 이 시를 그가 정신적인 균형감을 상실한 증거로 인용하기도 했다(Marineau, 1989: 66-67).

또 다른 일련의 사건들이 사이코드라마의 태동을 예고해

주었다. 어느 날 부유한 환자가 모레노를 찾아와 그가 죽는 것을 도와달라고 부탁했다. 모레노는 자신이 의사로서 거기에 있는 이유는 사람들이 자신을 보다 좋게 여기도록 하기 위해서라는 점을 분명히 했다. 몇 주 동안 그들은 다양한 자살 방법에 대해서 얘기를 나누었고, 마리안느의 도움으로 다른 시나리오를 시도하게 되었다. 모레노는 다른 가족에게 한 것과 유사한 접근을 시도했는데, 이는 곤경에 처한 상황을 재현해 보는 것으로 사무실에서든 집에서든 어디서나 가능했다. 그는 이런 접근을 '극 시연법(theatre reciproque)'이라 불렀다. 그는 이 작업이 반복될수록 비극적인 사건이 보다 가볍게 인식되고, 심지어는 재밌는 사건 정도로 여겨지는 것을 알게 되었다.

모레노는 어떤 사람들에게 '기적을 일으키는 사람' 으로 불리기도 했다. 하지만 일부 의사는 그가 약을 처방하지 않기 때문에 제대로 된 의사라고 보기 어려우며 그가 의사로서 간판을 걸고 활동해서는 안 된다고 주장했다. 그러나 모레노는 이에 아랑곳하지 않고 보란 듯이 의사자격증을 사무실 입구에 걸어 놓고 활동했다(Marineau, 1989: 69).

Vöslau의 사람들은 그를 호의적으로 기억하고 있었다. 그와 그의 아내 제르카가 34년 만인 1959년에 그 도시를 다시 비공식적으로 방문했을 때, 많은 노인들이 그를 반갑게 맞아 주었다. 그중 검은색 옷을 입은 한 할머니는 '우리의 의

사 선생님' 이라고 외치며 다가와 그의 손을 꼭 잡기도 했다. 시민들이 가지고 있던 모레노에 대한 따뜻한 인상은 1969년에 Vöslau 시에서 그가 머물던 집에 그의 명판을 새겨 주며 그에게 경의를 표했던 사실에서도 확인할 수 있다.

자발적 참여극

제1차세계대전이 끝나고 얼마 되지 않아 오스트리아가 사회적, 정치적 리더십의 결여로 혼란에 빠져 있었을 때, 모레노는 모든 사람이 함께 민주적으로 살아가도록 돕기 위한 계획을 구상 중이었다. 1921년 4월에 그는 빈의 한 희극극장을 대여했다. 막이 오르자, 그는 왕이 거느리던 어릿광대 복장을 하고 무대에 혼자 올라갔다. 무대에는 옥좌, 왕관, 분홍색 망토가 있었다. 모레노는 관객들에게 이렇게 말했다. "저는 왕을 찾고 있습니다. 왕관을 쓰고 싶은 사람을 찾는 것이 아닙니다. 지혜로운 분이라면 지도자가 되려는 여러분의 자연적인 선택을 알 수 있을 것입니다." 왕으로 초대된 사람은 무대로 올라와 지도자로서 그의 생각을 관객들한테 전하고 원한다면 옥좌에 앉을 수도 있었다. 그의 친구들은 그의 시도를 지지했지만, 많은 사람들이 얼마 안 있어 극장을 떠났다. 이 시도는 집단 간의 관계와 사회의식을 행동적으로 다루는 소시오드라마적인 방법을 최초로 시도한 것이라는 의의는 찾을 수 있었지만, 공연물인 극으로서는 실패작이었다(Marineau, 1989: 71).

1922년에 모레노는 몇 개의 방이 딸린 홀을 빌렸다. 큰 방은 50~75명까지 수용할 수 있었다. 여기서 배우들은 관객의 제안에 따라 자발적으로 연극을 꾸미기도 하고, 신문 속 그날 뉴스나 즉흥적으로 주제를 정해 재현하기도 하였다. 이러한 시도에 대해 긍정적인 평이 몇 주간 계속되었고, 홀은 관객들로 만원을 이루었으며, 관객들도 차츰 이런 형태의 극에 익숙해 갔다(Marineau, 1989: 72).

모레노는 1922년에 사이코드라마의 주인공이 자신의 세계, 현실 혹은 삶의 공간을 표현할 수 있는 세 층의 원형 무대를 고안했다. 그는 이 무대 설계를 1924년 빈에서 있었던 새로운 극기법 박람회에 소개하기로 마음먹었다. 건축가 친구가 그의 출품 준비를 도왔다. 그러나 박람회 주체 측이 그의 것과 흡사한 원형 무대를 박람회장에 세웠다. 청중은 좁은 길을 따라 무대 주위를 이러저리 옮겨 다닐 수 있었다. 그 무대가 자신의 설계와 너무 유사했기에, 모레노는 박람회 개막식장에서 공개적으로 박람회 주체 측이 자신의 것을 표절했다고 고소했다. 이 사건은 언론의 주목을 받았으며 그는 법정에 서게 되었다. 그는 법정에서 "저의 아이디어는 익명으로 제게 전달된 것입니다. 따라서 그것은 대중의 것입니다. 누군가가 대중의 아이디어를 자신의 것이라 주장한다면, 이는 비도덕적인 일일 뿐 아니라 대중의 것을 약탈하는 것이나 다름이 없습니다."라고 말했다(자서전, 1986, 6장: 39-45; Marineau, 1989: 87에서 인용).

모레노는 자신의 자발적 참여극이 '치유적인 극'으로 활용되었던 1925년의 어느 날 밤을 회상하였다. 바버라는 그가 운영하던 극단의 한 여배우로 일간지에 나온 사건을 즉흥적으로 재현하는 실험적인 작업에 동참하고 있었다(1972: 3-5). 그녀는 천진난만한 소녀와 영웅의 역을 맡았으며 낭만적인 역을 맡기도 했다. 어느 날 그의 남편 조지가 모레노를 찾아와 불평을 토로했다. "당신이 보기에는 천사처럼 착하고 어여쁜 여자인지 모르겠지만, 나와 있으면 그녀는 미친 사람 저리 가라입니다." 모레노는 그에게 다음날 있을 극에 참여해 보라고 권했다. 당시 바버라는 상스럽고 무식해 보이는 인간 본성을 노골적으로 표현하는 역을 맡고 있었다. 남자에 의해 봉변을 당하는 행인 역을 시연하도록 지시를 받자, 그녀는 무대에서 가해 남자에게 거친 욕을 퍼부으면서 주먹질과 발길질을 해댔다. 그 장면 후에 그녀는 희열감에 젖어 내려왔다. 그리고 남편을 보고는 그에게 안겼고 행복감을 느끼며 집에 돌아갔다.

모레노는 그녀에게 계속해서 비슷한 역을 맡겼으며, 조지는 매일 그 결과를 그에게 알려 주었다. 바버라는 화가 줄었으며, 조지는 그녀를 더 많은 인내심을 갖고 대할 수 있게 되었다. 모레노는 이 부부에게 무대에 함께 서 보는 것이 어떻겠냐고 제안했다. 얼마 후 그들은 무대에서 자신들의 가족과 관련된 장면, 그들의 아동기, 미래에 대한 그들의 꿈과 계획을 표현했다. 몇 달 후 모레노는 이 부부와 함께 그들이 참여한 사이코드라마를 회기별로 분석했고, 그들이 얼마나 좋아졌는지를 확인시켜 주었다. 바버라와 조지가 함께한 회기들은 초창기 사이코드라마 기법의 활용 예로 모레노에 의해 언급되곤 했다(1972: 5).

Moreno의 초기 저술들

자발적 참여극을 시도하기 전에 모레노는 빈에 머물면서 당대의 문학인이나 지식인과 널리 교류하였다. 그는 미국에서는 이 같은 인맥을 갖지 못했다. 그는 빈에서의 이러한 인맥에 힘입어 *Daimon*이라는 잡지를 편집해서 발간하였다. 이 잡지는 5년간 발간되었는데 이름이 조금씩 달라졌다. 1918년에는 '*Daimon*', 1919년에는 '*Der Neue Daimon*', 1920년에는 '*Die Gefahrten*'이었다.

이 잡지는 많은 신예 문인들을 대중들에게 소개하였다. Franz Werfel, Friedrich Schnack, Max Brod, Francis Jammes, Jacob Wassermann, George Kaiser, Martin Buber, Hugo Sonnenschein, Albert Ehrenstein, Ernst

Block, Heinrich Mann, Emil A. Rheinhardt 등이 그 대표적인 인물이다. 모레노는 발행 후 2년간 자금을 지원하였는데, 그동안 빈과 유럽의 당대 선도적인 지성들과 직·간접적인 교류를 할 수 있었다(Marineau, 1989: 56).

모레노는 『왕의 소설(*Der Koeigsroman*)』(1923b)이라는 소설도 한 편 썼다. 그의 작품은 익명으로 독일어로 출판되었다. 그는 창조성은 주인이 없는 것이며 '이름'은 마르크스가 미처 발견하지 못한 자본의 한 산물이라고 여겼다. 보상을 바라지 않는 그의 이런 행동 덕택에 나치에 의해 유태인의 저술이 모두 불태워질 때 그의 책은 살아남을 수 있었다.

이 기간 동안 그의 모든 논문이 독일어로 출판되었다. 그 주요 내용은 『참만남으로의 초대(Einladung zu einer Begegnung)』(1914-1915)와 『자발적 참여극(Das Stegreiftheater)』(1923a)에 잘 소개되어 있다. 세 부분으로 나뉘어 출판된 『참만남으로의 초대』는 1915년 당시의 모레노 철학세계를 잘 알려 준다. 두 번째 부분의 시구는 역할바꾸기에 대한 그의 기본 생각을 전달하기 위해서 흔히 인용되곤 한다.

> 두 사람의 만남; 서로 마주 보며
> 가까이서 나는 당신의 눈을 가져다
> 나의 눈이 있던 자리에 둡니다.
> 이번에는 당신이 나의 눈을 가져다

당신의 눈을 대신해서 그 자리에 둡니다.
그러면 나는 당신 눈으로 당신을 볼 수 있고
당신은 나의 눈으로 나를 볼 수 있습니다.

A meeting of two; eye to eye, face to face
And when you are near I will tear your eyes out
and place them in place of mine,
and you will tear my eyes out
and will place them instead of yours,
then I will look at you with your eyes
and you will look at me with mine.

모레노는 자신이 새로운 긍정적인 종교를 창시하고 있으며, 이 종교는 마르크스와 프로이트도 못 다한 창조적인 사회를 만드는 임무를 완성시켜 줄 것이라 믿었다. 그는 '과학이 결여된 종교' 와 '종교가 결여된 과학' 이 과거에 실패했던 것을 계량사회학을 통해서 시도했다. 『자발적 참여극』(1947c)이란 책에서 모레노는 네 가지 혁신적인 극을 소개하고 있다. 즉, 관객이 전통적인 역할을 하고 있는 배우에게 도전하는 갈등극(theater of conflict), 모든 사람이 드라마의 일부가 되는 자발적 참여극(theater of spontaneity), 가족의 일원이 어려운 상황을 재현하는 치유극(therapeutic theater),

그리고 모든 사람이 세계라는 무대 위에서 삶을 연기하는 창조자극(theater of the creator)이다. 또한 이 책에서는 상호작용 도식의 예를 통해 각각의 장면에서 개인이 보여 주는 즉흥성의 양을 평가하고 있다. 하지만 모레노가 그 체계를 연구나 심층적인 상호작용 분석에 사용했던 기록은 아직 발견되지 않고 있다.

미국에서의 계량사회학과 사이코드라마

1925년까지의 모레노의 삶은 사실 시련의 연속이었다 (Marineau, 1989: 94-99). 오스트리아에서의 삶이 그를 개인적으로 발전시켜 주기는 했지만 안락하고 성공적인 삶은 아니었다. 마리안느와의 관계는 힘들었으며, 셈족을 싫어하는 젊은이들에게 계속해서 위협을 당했다. 모레노는 의사 활동을 줄여 나갔고, 수입의 상당 부분은 모험적인 출판업에 투자되었다. 그의 빚은 점점 쌓여 갔다. 게다가 자발적 참여극의 시도는 많은 논쟁을 불러왔고, 이는 예술계와 문학계에서의 그의 명성에 도움이 되질 못했다. 그가 치료하던 환자의 자살은 그를 더욱 곤경에 처하게 했다. 모레노는 점점 고립되어 갔다. 모레노는 정치적인 이상을 좇았던 많은 친구들처럼 러시아로 이민을 가려 했으나 나중에 마음을 바꾸어 그의 남동생이 있는 미국으로 가기로 했다. 남동생은 뉴욕에 살고 있었는데 그를 재정적으로 이미 많이 도와주고 있었다. 마리안느는 집을 관리하기 위해서 Bad Vöslau에 남기로 했다.

모레노가 1925년에 빈을 떠나 미국으로 향한 것은 자신이 발명한 전자기 기록기를 상품화하기 위해서였다. 그는 꿈에서 이 기계에 관한 아이디어를 얻었다고 했다. 이 기계는 라디오 송수신을 위해 소리를 디스크에 기록하는 일종의 라디오 필름이다. 미국에서의 처음 2년(1925~1927년) 동안 그는 마리안느의 오빠이며 천재적인 기술자인 Franz Lörnitzo의 도움을 받아 자신의 발명품에 매달렸다. 그러나 그의 발명품은 미국 특허국에는 등록되어 있어도 그것이 제조되었다는 기록은 어디에도 없다. 프란츠는 모레노가 자신을 속였다고 느꼈고 화가 나서 모레노를 떠나 버렸다. 오스트리아의 가족들은 프란츠의 편을 들었지만, 마리안느는 여전히 모레노에게 충실했다.

그 후 모레노는 뉴욕으로 옮겼는데 초기에는 생활이 힘들었다. 마리안느에게 보낸 그의 편지는 그의 우울과 분노를 잘 보여 주고 있다. 그의 동생 윌리엄이 그를 도와주고 있었지만, 그는 자신의 발명품이 빛을 보게 할 수 있는 자본이 없었다. 그 무렵 그는 미국에서 아직 영구비자를 발급받지 못했기 때문에 임시비자를 다시 발급받기 위해서 캐나다로 가야 했다.

뉴욕 주에서 의료행위를 하기 위해서는 자격증이 필요했기에 그는 1927년 1월 처음 의사시험을 보았다. 그 시험은 영어로 치러졌는데, 당시 그에게 영어는 생소한 언어였다. 그는 제일 싫어하는 과목인 부인학에서 낙제를 받았다. 그 해 5월에 다시 시험을 봤으며, 9월에 의사 자격을 취득할 수 있었다. 그는 정신과 개업의로서 활동을 시작했으며 몇몇 기관에 사이코드라마를 소개하였다.

만남과 헤어짐, 베아트리스, 마리안느

그는 사회복지사인 Beatrice Beecher를 만났는데, 그녀는 뉴욕의 저명한 전도사인 Henry Ward Beecher의 손녀였다(Marineau, 1989: 96). 뉴욕의 마운트 시나이 병원에서 아동심리학을 가르치고 있던 베아트리스는 모레노의 작업에 즉각적인 관심을 보였다. 그녀는 그가 미국 시민권을 얻도록 돕고 싶었고, 이를 위해서 그녀와 결혼할 것을 제안했다. 물론 그가 시민권을 얻은 뒤에는 이혼한다는 조건에서였다. 그들은 1928년 3월에 결혼을 해서 모레노가 미국 시민권을 얻은 바로 뒤인 1934년에 이혼했다. 베아트리스와 모레노는 전문적인 협력관계였다. 그녀는 『자발적 참여극』 영어판의 초역을 맡았으며, 그는 그녀가 근무하고 있던 브루클린의 플리머스 연구소에서 아이들을 위해 그의 작업을 시연해 보였다.

모레노는 마리안느와 계속 서신 왕래를 하였으며 그녀에게 돈을 보내 자신의 빚을 갚도록 했다. 마리안느는 그와 베아트리스의 결혼이나 그의 다른 젊은 여자들과의 교제에 대해서 알지 못한 채 Bad Vöslau에 계속 살고 있었다. 1930년에 마리안느가 시의회로부터 집을 더 이상 지킬 수 없게 되었을 때, 모레노는 매우 고민에 빠졌고 이를 마리안느와의 관계를 정리할 기회로 삼았다. 훨씬 뒤에 마리안느는 결혼을 했다. 그녀가 1984년에 사망했을 당시 모레노와 그녀가 주고받은 편지를 남겼는데, 거기에는 그녀와 모레노의 관계, 모레노의 꿈에 대한 기록이 담겨 있었다.

즉흥극, 헬렌 제닝스와 계량사회학

1927년에 모레노는 자발적 참여극의 새로운 형태인 '즉흥극'을 소개했다. 카네기홀에서 '살아 있는 신문(Living Newspaper)'이 공연되었는데(1929~1931년), 이 극에서는 그날의 새로운 사건이 시연되었다. 그는 새로운 방법으로 숙련된 배우들을 훈련시켰다.

모레노가 컬럼비아 대학의 대학원생이던 Helen H. Jennings를 만난 것도 바로 즉흥극에서였다. 그녀는 모레노를 Gardner Murphy 교수에게 소개했다. 그는 모레노의 후원자이자 동료가 되었으며, 모레노를 사회심리학자와 사회학자와 연결시켜 주었다. 헬렌은 계량사회학의 발전을 돕는 원동력이 되었으며, 싱싱 교도소와 허드슨 직업여학교에서의 작업과 다른 연구들을 도왔다. 모레노는 헬렌과 매우 가까웠고 그녀를 유능한 사회과학자로 여기기는 했지만 그녀와 정서적으로 관계를 갖고 싶어 하지는 않았다.

이후 20년간 모레노는 가장 왕성하고 생산적인 활동을 했다. 그의 동생 윌리엄은 여전히 물심양면으로 그를 돕는 좋은 후원자였으며 뉴욕에서 계량사회학 연구소를 세우는 것을 도와주기도 했다(1941~1942년). 모레노는 이 기간 동안 윌리엄이 자신의 뮤즈였으며 가족 중에 유일하게 자신에게 충분한 지지와 격려를 보내 준 사람이라고 기록하고 있다. 모레노는 이때 방탕한 생활을 하기도 했으며, 인생이 얼마나 빨리 헛되게 사라질 수 있는지 사색에 빠지기도 했다. 그는 "큰 기쁨의 순간은 깊은 혐오의 순간만큼이나 빨리 사라져 버린다. 여배우, 합창단원 아가씨, 작가, 심리학자, 반역자 등 많은 사람들이 나를 유혹하려 했고 많은 경우 그들은 성공했다."고 회상하였다(1989b: 106).

자발성과 창조성에 관한 모레노의 생각은 그가 제작자이자 발행인으로 있던 잡지 『즉흥성(*Impromptu*)』의 1931년 판에 소개되었으며, 이는 후에 『사이코드라마』의 첫 판에 다시 실렸다(1972, 첫판은 1946년).

싱싱 교도소에서 그가 실시한 계량사회학 연구는 재소자 분류를 위한 집단 작업에 관한 논문을 쓰게 해 주었다. 이 작업은 『집단심리치료에 관한 최초의 책(*The First Book on Group Psychotherapy*)』(1932)에 정리되어 있다(1957b). 헬렌의 도움을 받아 이루어진 재소자 집단 내의 개인적 관계에 관한 연구는 1932년 미국정신의학회 연차학술대회의 원탁회의에서 소개되었다. 이는 집단심리치료에 관한 모레노의 첫 번째 공식적인 발표였다.

모레노는 또 다른 논쟁에 휘말렸다. 그가 토론자로 참여한 어느 모임에서 Abraham A. Brill 박사가 '익살꾼 링컨' 이라는 글을 발표했다. 모레노는 고인이 된 사람의 성격은 해석할 수 없다며 그의 글을 공격했고 박사 개인에 대해서도 신랄한 비판을 했다. 결국 모레노의 말은 다음날 신문을 장식했으며 그는 일약 악명 높은 사람이 되어 있었다. 많은 정신분석학자들이 모레노를 비난했다.

모레노와 정신분석학자들 간의 대립은 그의 일생 동안 계속되었다. 특히, 정신분석적 집단치료의 지지자인 S. R. Slavson과의 대립은 아주 심했다. 두 사람은 각각 다른 조직과 학술지를 만들었으며 그들의 분야에서 국제적인 명성과 선구적인 위치에 있었다. Berger(1990)는 이 두 사람의 논쟁을 자세히 소개하고 모레노 전기를 새로운 입장에서 논하고 있다.

한 번은 뉴욕 주 허드슨의 직업여학교 소장으로 있던 Fannie French Morse 여사가 미국정신의학회에서 모레노의 발표를 들은 적이 있었다. 그녀는 그에게서 강한 인상을 받아 그에게 직업여학교의 수석 연구자 자리를 제안하였다. 그는 이를 수락하여 1932에서 1934년까지 그 일을 했다. 허드슨 직업여학교에서 그는 집단심리치료와 역할연기를 훈련에 활용하기 위해서 이를 시연한 16mm 영화를 만들었다. 허드슨에서의 계량사회학적 연구는 『누가 살아남을까?』(1934)에 정리되어 출판되었다. 이 책은 Morse 여사의 후원을 기리기 위해서 그녀에게 헌정되었다. 서문에서 William A. White는 모레노의 철학세계에 찬사를 보내고 있다. 일부 연구는 1936년에 『계량사회학적 고찰(*Sociometric Review*)』에서 보고서 형식으로 발표되기도 했다. 모레노는 1953년에 출판된 『누가 살아남을까?』의 수정 확장판에 사이코드라마, 소시오드라마, 사회정신의학의 모든 주요 개념에 대한 논의를 추가하였다. 이 책은 그의 걸작이 되었다.

1933년에 모레노는 연합통신사의 언론인인 Howard Blakeslee를 만났다. 이는 그가 계량사회학과 사이코드라마에 대한 글을 보다 많은 사람이 접할 수 있도록 신문에 싣는 계기가 되었다. Blakeslee는 Max Baer와 Joe Louis의 헤비급 권투시합의 승자를 예측해 달라고 모레노에게 부탁했다. 모레노는 두 선수의 캠프를 방문해 그들의 자발성과 가족 및 친구 관계를 관찰했다. 심지어 그는 Baer의 인생에 미친 긍정적 및 부정적 영향이 담긴 도표를 발표하기도 했다. 그는 그 시합의 승자를 성공적으로 예측했으며, 이는 다른 두 시합에서도 반복되었다.

1937년에 모레노는 『계량사회학: 대인관계에 관한 학술지(*Sociometry: a Journal of Inter-Personal Relations*)』를 발간했다. 이 학술지는 그를 정신과의사와 임상심리학자로서뿐만 아니라 사회학자와 사회심리학자로서도 명성을 얻게 해 주었다. 『계량사회학』에 실린 초기 논문의 상당수는 그의 추종자들이 쓴 것으로, 이들 중에는 George Lundberg와 Charles Loomis 같은 유명인도 있었다. 1941년에 워싱턴의 성 엘리자베스 병원의 병원장으로 있던 White 박사는 모레노가 그 병원에 사이코드라마 극장을 세울 수 있게 해 주었다.

사이코드라마 극장과 일시적 여신이 된 플로렌스 브리지

모레노는 자신의 여신을 계속 찾고 있었다(Marineau, 1989: 101-107). 그는 허드슨에서 인턴십을 하고 있던 Florence Bridge를 알게 되었다. 그녀는 1912년생으로 그보다 스물두 살이나 어렸다. 그녀는 예언자 같은 그의 모습에 강한 인상을 받았으며, 그의 저서 『창조주의 말씀』을 감명 깊게 읽었다. 신이라는 주제는 두 사람을 묶어 주는 주요 끈이었다. 당시 모레노는 뉴욕 비콘에서 그가 1936년에 개원한 요양원의 소유지에 혼자 살고 있었다. 부유한 환자가 돈을 기부해서 그는 그 병원 옆에 최초의 사이코드라마 극장을 지을 수 있었다. 플로렌스가 비콘으로 이사 온 후, 1938년에 그들은 결혼을 했으며 다음 해에 딸 레지나를 얻었다.

플로렌스는 모레노를 거의 신처럼 섬기고 존경했지만, 결혼생활이 그에게 행복을 주지는 못했다. 그는 여전히 마리안느와 같이 전문적인 파트너이자 공동 창조자가 될 수 있는 누군가를 찾았다. 플로렌스는 요양원에 있는 환자들과는 거의 접촉하지 않았다. 그녀는 딸을 돌보며 요양원 소유지에 있는 작은 집에서 살았다. 비록 계량사회학 분야의 학술지에 전문적인 논문을 몇 편 게재하기는 했지만, 그녀는 결코 남편의 기대를 채워 주지는 못했다. 10년간의 결혼생활은 결코 순탄치 않았다. 드디어 모레노는 진정한 여신을 찾았으며, 이로 인해 곤경이 찾아와 두 사람은 1948년에 이혼했다.

궁극적인 여신 제르카와의 만남

Celine Zerka Toeman은 1941년에 정신병에 걸린 여동

생을 치료하기 위해서 비콘에 있던 모레노의 요양원을 방문했다. 모레노는 그의 사무실을 찾은 그녀를 본 순간 사랑을 느꼈다. 제르카는 패션디자이너로 그전까지는 심리학에 전혀 관심이 없었다. 하지만 모레노는 곧 그의 일에 그녀를 동참시켰다. 그는 그녀에게 『창조주의 말씀』의 영어판 인쇄본을 검토해 줄 것을 부탁했다. 이 책과 그의 철학에 대한 이해는 두 사람을 결속시켜 주었다. 그녀는 그의 영원한 동료이자 동반자가 되었다. 모레노는 그녀에게 뉴욕에 있는 계량 사회학 연구소를 맡아 줄 것을 부탁했다. 이어서 그녀는 모레노의 동생 윌리엄이 재정적인 지원을 하고 일상적인 업무를 맡아 주고 있던 사이코드라마 극장도 관리하게 되었다. 제르카는 머지않아 그의 사업의 중요한 파트너가 되었다. 그녀는 모레노의 영감의 원천이요, 동료 치료자요, 동료 연구자였으며 그의 진정한 연인이었다. 두 사람이 「사이코드라마에서의 집단 접근(The Group Approach in Psychodrama)」이라는 논문을 공동으로 발표한 1942년 이후, 제르카는 그의 지지적인 파트너로서 출판, 회의, 워크숍 및 기타 사업을 관리했다. 모레노가 제르카를 만난 이후에 다른 여자를 전혀 만나지 않은 것은 아니었지만, 다른 여자와의 교제가 제르카에게 위협감을 주지는 않았다. 그녀는 자기만큼 모레노의 아이디어를 발전시키는 데 많은 기여를 할 수 있는 사람은 어디에도 없다고 확신하고 있었다(Marineau, 1989: 105).

모레노는 1949년에 제르카와 결혼했고, 1952년에 아들 조나단을 얻었다. 모레노는 조나단의 교육에 사이코드라마 기법을 도입했다. 모레노와 제르카는 가족 구성원인 세 사람의 욕구와 감정을 서로 잘 이해하기 위해서 역할바꾸기를 사용하곤 했다. 그의 많은 논문과 저서는 바로 이런 그의 자녀 양육과 가족 발달 경험에 기반을 두고 있다. 1958년에 제르카는 어깨에 연골육종이 생겨 오른팔을 절단해야 했다. 가족은 다시 서로의 감정과 생각을 탐색하고 서로를 지지하기 위해서 사이코드라마 기법을 활용했다.

모레노는 집단심리치료를 활성화시키는 데도 매우 적극적이었다. 그는 계량사회학적인 관심과 집단심리치료를 접목한 『집단심리치료: 심포지엄(*Group Psychotherapy: A Symposium*)』이라는 책을 1945년에 출판했다. 이 책에는 제2차세계대전 중에 영국군에게 집단방법을 적용했던 보고서도 실려 있다. 세계정신보건기구 총재인 J. R. Rees 박사에게 받았던 찬사는 그를 몹시 고무시켰다. Rees 박사는 영국군 내에 군인 선발을 위해서 집단방법을 개발하기 위한 특별기구를 신설하기로 했음을 알려 주었다. 모레노는 1943년에 영국군과 공동연구를 한 바 있다. 그 기구는 비공식적인 명칭으로 '모레노사단'이라 불리었다.

모레노의 계량사회학적 방법은 널리 수용되어 활용되고 있었지만, 모레노는 정신과에 종사하는 다른 사람들과 원만

하지 못했다. 제르카는 이 점을 걱정했다. 그의 인간관뿐만 아니라 대인관계와 집단 간 관계에 대한 그의 견해는 당시에 교육되고 있던 주요 접근과 많은 점에서 배치되었다. 또한 그는 너무 논쟁적이어서 성격적으로 다른 사람과 융화되기가 쉽지 않았다. 그는 독불장군에 자기도취적인 지도자였지만 외로운 사람이었고, 카리스마는 있었지만 무심했으며, 사교적이었지만 사람에 대한 선호가 분명했고, 사랑스럽지만 괴팍했으며, 사랑스럽지는 않지만 매력적인 사람이었다 (1976: 132).

그는 많은 사람과 친분을 쌓았지만, 정신의학에 종사하는 사람보다는 다른 사람과 보다 지속적인 관계를 맺었다. 그에게 많은 환자를 의뢰했던 그의 초기 친구 중 한 명인 Alfred Adler는 "내가 만약 그처럼 할 수 있다면 나 자신을 천재라고 서슴없이 얘기하겠소."라고 말했다.

집단심리치료의 보급

1936년에서 1953년 사이인 18년간, 모레노는 주로 계량사회학과 사이코드라마의 개념과 방법에 대해서 집필했다. 1936년에 뉴욕의 비콘에 요양원을 개원했고, 1942년에는 뉴욕 시에 사이코드라마 극장, 사이코드라마 연구소 그리고 계량사회학 연구소를 설립했다. 그는 특별 강연자로서도 활동을 많이 했는데, 1937년과 1938년에는 사회연구를 위한 신연구소(New School for Social Research)에서, 1939년과 1940년에는 컬럼비아대 사범대학에서 강의를 했다. 1931년에는 드라마와 치료에 대한 학술지 『즉흥극』을 발간했고, 1937년에는 『계량사회학』을 만들었다. 그리고 1947년에는 『사회정신의학』을 발간했는데, 이는 1949년에 『집단심리치료』로, 1970년에는 『집단심리치료와 사이코드라마』로 바뀌어 발간되었다. 1951년부터 1966년까지 그는 뉴욕대 예술/과학 대학원 사회학과에서 겸임교수로 있었다. 뉴욕대 출신의 그의 제자로는 Edgar Borgatta, Lewis Yablonsky, Martin Haskell, Hannah Weiner, Robert Boguslaw, Robert Siroka 등을 들 수 있다. 비콘의 사이코드라마 연구소에서 같이 공부했던 초기 추종자들(James Enneis, Robert Haas, Paul Torrance, Ron Levy) 대부분은 심리학자이거나 교육학자였다. 모레노의 영향을 많이 받은 또 다른 교육학자로 Merl E. Bonney가 있다. 집단역동을 위한 국제수련연구소를 설립한 사회심리학자들 중 일부(Ronald Lippit, Alvin Zander, Kenneth Benne, Lee Bradford)는 모레노의 영향을 받아 자신들의 작업에 역할극을 사용하기도 하였다.

1951년에 그는 집단심리치료 국제위원회를 만들었는데, 이는 나중에 확대되어 집단심리치료 국제회의로 개명되었으며, 각종 집단심리치료 국제회의를 마련하고 지원하는 역할을 했다. 첫 모임은 1954년에 토론토에서 있었다. 1957년에 열린 2차 집단심리치료 국제위원회에서 모레노는 회장으로 선출되었다. 1962년에 집단심리치료 국제회의가 열렸고, 1963년에는 3차 집단심리치료 국제회의가 열렸다. 1961년에 그는 사이코드라마/집단심리치료 국제협회를 창설하고 그가 초대회장이 되었다. 1차 사이코드라마 국제위원회는 1964년에 파리에서 열렸다. 이후 사이코드라마 디렉터들은 남미, 유럽, 일본 등지에서 정기적인 국제모임을 가졌다. 모레노는 사이코드라마/소시오드라마 국제위원회의 명예회장이었다. 그는 이 위원회를 세계 각국에서 거의 800명에 이르는 회원을 보유한 국제집단심리치료학회로 재탄생시켰다. 이는 그의 최후의 업적으로 1973년 8월 취리히에서 있은 5차 국제위원회 기간 동안 이루어졌다.

유럽을 떠나온 지 26년 만에 그는 바다 건너 동료들에게 집단심리치료와 그의 주요 관심사들을 알리기 위한 여행을 시작했다. 소르본 대학은 Georges Gurvitch의 지휘 아래 사회학과 내에 계량사회학 연구소를 설립함으로써 그에 대한 경의를 표했다. 1954년에는 미국 국무부 초청으로 미국 전역의 대학과 서독의 미군 부대를 순회하였다. 이후 유사한 순회가 유럽 전역을 대상으로 정기적으로 있었다. 이 중 일부는 유네스코의 초청으로 이루어진 것도 있다. 여러 차례 반복해서 방문한 나라는 프랑스, 독일, 노르웨이, 스위스,

오스트리아, 이탈리아, 스페인, 체코슬로바키아, 헝가리, 러시아, 그리스, 유고슬로비아, 터키 그리고 이스라엘이었다.

정신의학의 3차 혁명

1954년에서 1960년까지 7년 동안, 모레노는 세계를 널리 여행하면서 전 세계의 사회과학 문헌에 자신의 생각이 스며들고 있는 것을 확인하였다. 그는 이를 두고 '정신의학의 3차 혁명'이 도래했다고 하였다. 사이코드라마에 대한 모레노의 논문은 널리 읽혀지고 있었다. 1956년부터 1960년까지 그는 『심리치료의 발전(*Progress in Psychotherapy*)』이라는 5권의 책을 편집했으며, Frieda Fromm-Reichmann과 Jules H. Masserman도 이 일에 참여했다. 그는 『집단심리치료와 사이코드라마(*Gruppenpsychotherapie und Psychodrama*)』(1959a)를 출판했는데, 이 책은 제르카와 함께 집필했으며 일부는 영어로 번역되었다. 이 책은 『사이코드라마』 제3권(1969)과 비슷한 내용을 담고 있다.

회고와 평가

1961년에서 1974년 5월 14일 그가 운명하기까지의 기간은 모레노 자신이 일으킨 운동의 역사를 돌이켜 보고 그 영향을 평가하는 기간이었다. 관련 논문들이 계속해서 여러 문헌에 소개되면서 그의 업적은 사람들 사이에서 재인되었다.

모레노는 그의 창조성에 영향을 미친 사람들을 인정하는 글을 별로 남기지 않았다. 그보다는 자신의 생각이 다른 사람들에게 어떻게 활용되고 있는지에 더 많은 관심이 있었다. 사회개혁가로서 그는 자신이 Jean Jacque Rousseau, Johann H. Pestalozzi, Friedrich Froebel 등의 전통을 잇고 있다고 여겼다.

1967년에 뉴욕 주 의사회는 50년간의 그의 의료 활동에 대한 공로를 인정하는 감사패를 그에게 전달하였다. 그는 그해에 비콘에 있는 그의 병원을 닫고 수련과 출판 업무만을 계속했다. 모레노가 예정된 일정을 다 소화할 수 없게 되자, 제르카가 수련 프로그램에서 두각을 나타냈다. 1960년대 후반과 1970년대 초에 그녀는 집단심리치료와 사이코드라마 분야에서 확고한 지도자로 자리를 잡았다. 모레노 사후에도 비콘은 1982년까지 수련 센터로서의 기능을 계속하였다. 모레노는 1968년에 스페인의 바르셀로나 대학 의대 교수회로부터 명예 박사학위를 받았으며, 1969년에는 빈 대학으로부터 황금 박사 학위증(Golden Doctor Diploma)을 받았다. 같은 해에 그가 1918년에서 1925년까지 공중보건 관료로서 활동했던 것을 기리기 위해서 빈 근처 Vöslau에 있는 그의 집에 기념 명판이 세워졌다.

그는 미국정신의학회, 뉴욕의사회, 미국사회학협회 회원이었으며 미국의사협회의 평생회원이었다. 또한 미국집단심리치료/사이코드라마회, 미국계량사회학회의 회원이기도 했다.

모레노는 계량사회학이라는 형태로 과학적 사회학에 새로운 전기를 마련한 사회학자로서의 자신에 대해서 특히 자부심을 느꼈다. 1953년에 그는 그의 대표적인 생각들을 모아서 『누가 살아남을까?』를 출판했다. 그는 계량사회학의 전망에 대해서 얘기를 나눴던 컬럼비아대의 한 작은 회의실에 대해 다음과 같이 회상하였다(1953: lxvi-lxvii).

> 한 젊은 학자가 내 옆으로 와서 퉁명스럽게 이렇게 말했다. "선생님은 『누가 살아남을까?』가 마치 새로운 성서와 같은 책이라 생각하시는 것 같습니다." 나는 그의 눈에서 '창조자에 대한 시샘'을 얼핏 느낄 수 있었다. 물론 나는 그렇게 생각하고 있었지만 아무 말도 하지 않았다. 나는 미소를 지었고 그 역시 미소로 답례했다. 그 책은 사회적 행동과 인간사회를 위한 새로운 성서다. 이전 세대의 책에서 얻을 수 있는 것보다 더 많은 아이디어를 이 한 권의 책에 모았다. 성서라고 한들 뭐가 문제인가? 어떤 사람은 성서가 모든 것을 못하게 해 놓았다고 불만스러워한다. 하지만 종교 분야에서 신약과 구약 성서는 종교를 다시 일으켰고 새로운 미래를 열어

주었으며 종교적 경험과 기법을 활성화시켰다. 같은 일이 과학에서도 일어났다. 성서에 대한 두려움은 명확하고 의심의 여지가 없는 것에 대한 두려움이다.

2 주요 이론적 공헌

Moreno는 연극, 치료, 대인관계에 대한 수량적 분석, 신과의 직접적인 체험적 만남에 이르기까지 다양한 활동에 관심을 가졌으며, 그만큼 그의 이론적 공헌과 임상적 활동도 다양하다. 삶에 대한 그의 주요 관심사는 이론적 공헌, 그의 연구 및 치료 형태에 잘 반영되어 있다.

모레노는 자신의 삶이 유랑자의 삶에서 시작되었다고 말하곤 했다. 이민자로서의 그의 경험은 그가 낯선 곳에 새로 온 사람이 겪는 문제와 새로 온 사람이 기존의 공동체에서 지지를 얻어 가는 문제에 더 민감하게 했고 이 문제를 보다 창의적으로 보게 해 주었다. 그는 개인이 옛 공동체에서 새 공동체로 옮겨 가면 사회적 관계망의 구성원은 변해도 그 구성의 형태는 일정하게 유지되는 경향이 있음을 발견했다

(1953: 705). 빈에서의 학창시절에 이민자를 돕기 위해서 참만남의 집을 설립했던 것, 미텐도르프의 난민캠프에 대한 그의 관찰, 그리고 허드슨 직업여학교에서 신입 여학생의 일자리를 마련해 주기 위해 그가 기울였던 노력 등 모두에서 이민자에 대한 그의 깊은 관심을 엿볼 수 있다.

모레노는 신놀이 및 창조자와의 직접적인 체험을 통해서 인간 상호작용의 핵심이 창조성이라는 확신을 갖게 되었다. 그가 여신이라고 불렀던 연인들과의 경험은 적절한 지지가 있으면 누구나 창조성을 발휘할 수 있으며, 사회 전체를 위한 대대적인 사업이 아니라 적어도 그 '순간'을 위해서라도 창조성을 지속적으로 발휘할 수 있음을 그에게 확인시켜 주었다.

만약 모레노가 전통적인 연극의 연출가였다면, 그는 개인이 무대에서 특정 역할을 연기함으로써 새로운 자아감을 찾아가는 '극치료'를 개발했을 것이다. 하지만 그는 자발적 참여극의 연출가였다. 그는 창조적인 공연을 하기 위해서 '웜업' 과정을 두었고, 개인의 과거사를 재창조함으로써 감정을 정화시켜 주고 새로운 통찰을 얻도록 돕는 자발적 역할극의 유용성을 확인시켜 주었다. 자발적 참여극은 집단치료의 한 형태일 뿐만 아니라 개인의 대인관계 양상을 이해시켜 주는 개념들의 원천이 되었다.

모레노가 집필 활동을 하던 시절에 과학에 대한 이상적인 모델은 물리학, 화학, 생물학에 의해 대변되고 있었다. 모레노는 이러한 학문에서 많은 개념을 빌려와서 대인 간의 선택과 대인행동에 대한 그의 생각을 은유적으로 표현했다. 모레노의 야망은 다음과 같이 요약될 수 있다.

1. 프로이트를 능가하는 성격이론을 만드는 것-사이코드라마
2. 마르크스를 능가하는 사회이론을 만드는 것-계량사회학
3. 신약과 구약, 코란, 불경을 능가하는 우주론을 만드는 것-『창조주의 말씀』 등(Bischof, 1970: 235n)

모레노는 사회법칙에 대한 과학인 사회경제학이라는 거대한 체계를 언급하기도 하였다. 이는 사회집단 구조에 대한 학문인 사회역동학, 사회적 측정에 관한 학문인 계량사회학(하지만 이 분야의 주된 초점은 대인 간 선택에 관한 측정이다), 사회 치유에 관한 학문인 사회정신의학이라는 세 하위영역으로 다시 나뉜다(Moreno et al., 1960: 127). 모레노에 따르면 사회과학에서 초점을 두어야 하는 적절한 대상은 '행동(behavior)' 이 아닌 '행위(action)' 다. '행동' 은 움직임과 사실을 관찰한 것을 가리키는 반면, '행위' 는 움직임과 사실의 생생한 실존을 가리킨다. 실제 행위체계는 자발성,

창조성, 워밍업을 다루어야 한다. 그리고 관찰자는 배우와 일체감을 경험해야 한다(Moreno et al., 1960: 130). 모레노는 창조적 활동에 관한 심리학을 발전시키고 싶어 했으며, 자발적인 창조적 대행자라는 인간의 한계를 인식하고 그것을 극복하도록 도와주는 자발성 증진기법을 고안하기도 하였다(1953: 8).

이론적 개념들

모레노는 검증이 필요한 많은 가설을 포함하고 있는 자신의 이론을 일목요연하게 소개할 수도 있었지만 그렇게 하지 않았다. 우리는 모레노가 자신의 잡지에 발표한 짧은 글이나 동료들과의 대화를 정리한 회의록 또는 그의 강연 논평에 대한 답글 등을 통해서 사회적 삶에 대한 그의 통찰을 엿볼 수 있다. 모레노의 모든 통찰을 하나의 틀로 통합시켜 소개하는 것은 미래의 다른 작가를 위해서 남겨 두기로 하고, 이 장에서는 가장 자주 인용되는 그의 주요 이론만 간략히 소개하고자 한다.

모레노의 이론적인 아이디어에 대한 설명은 이 책 전반에 걸쳐 소개되고 있다. 3장은 모레노가 직접 실시했던 사이코드라마와 허드슨 직업여학교 재직 시절에 관심을 기울였던 계량사회학에 대해서 소개하고 있다. 모레노가 집단심리치료에 관한 자신의 생각을 확장시켜 나갔던 부분은 4장에서 소개하고 있다. 그리고 5장에서는 동시대 지식인들의 평을 통해서 모레노의 생각을 사회심리학 이론의 일반적인 입장에서 조망해 보았다. '텔레(tele)'는 모레노 이론의 핵심적인 용어로 이 책에서 반복해서 언급되고 있다.

사회와 개인에서의 자발성과 창조성은 모레노 이론의 중심 개념이다. 모레노는 대부분의 사회과학자가 소홀히 했던 실존의 의미를 처음부터 강조하였다. 그는 만물의 창조주인 신의 역할 중 하나가 환경적, 물리적, 사회적 상황의 변화에 인간이 창조적으로 적응해 갈 수 있게 하는 것이라고 여겼다.

모레노는 사회, 공동체, 조직, 소집단 내에 형성되는 개인 간의 선택망과 '사회원자(social atoms)'에 많은 흥미를 가졌는데, 이들 모두는 개인을 서로 연결시켜 주고 '만남(encounter)'을 통해서 개인의 창조성을 계발시켜 준다. 모레노는 창조성이야말로 삶의 본질적인 부분이라고 여겼으며, 자기와 타인 간의 관계에 대한 새로운 이해에 도달하는 상호작용을 경험하는 '순간' 창조성이 발휘된다고 하였다.

빈에서 이민자를 위한 집을 설립하고 운영한 경험과 미텐도르프의 난민캠프에서 의료 관료로 근무했던 경험에서, 그는 사회 구조, 특히 대인 간 선택을 반영하는 사회 구조가 개인의 창조성을 최대로 지지하게끔 준비되어 있는 것이 중요하며 이를 통해서 개인의 창조성, 즉 '창조적 혁명' 이 일어날 수 있다고 믿었다. 그는 성격적으로 '자발적인 인간' 을 만들 수 있는 아동 발달의 이론과 실제적인 방법을 제안했다.

위로부터는 공동체, 조직, 집단에서 개인의 창조성을 최대화할 수 있도록 그 선택망을 재정비하는 데 노력을 기울였다. 아래로부터는 개인을 위한 사이코드라마를 도입했는데, 이는 일명 '사회원자 수리 작업' 이라는 것으로 창조성을 저해하는 감정과 지각을 개인이 극복할 수 있도록 돕는 작업이다. 모든 집단행위는 일종의 '사회적 드라마'의 성격을 기본적으로 갖고 있으며, 사이코드라마의 발달 단계는 집단의 발달과 변화에 관한 이론이 된다. 모레노의 '소시오드라마' 또한 공동체와 사회를 위한 사회적 변화 단계에 관한 모델을 제공해 준다.

이미 언급한 바와 같이, 모레노 이론의 기본 개념들 중 많은 수가 그의 초기 아동기나 빈에서의 의대생 시절과 이후의 젊은 의사 시절의 경험에 뿌리를 두고 있다. 그는 『누가 살아남을까?』 1953년판의 서문과 자서전(1989a, 1989b)에서 이와 관련된 많은 이야기를 하고 있다. 제르카 모레노(1969b)는 '만남' 과 '집단치료' 같은 개념의 원천을 모레노의 초기 저작에서 찾고 있다.

여기서는 모레노의 이론적인 아이디어가 주로 소개된 연대순으로 기술하였는데, 그 내용은 다음과 같다. 첫 번째는 오스트리아 시절 신에 대한 그의 아이디어와 인간행동에 대한 시사점들이고, 두 번째는 미국으로 옮겨 간 후 허드슨 직업여학교에서 있은 사회 측정과 사회 재조직화의 적용이다. 세 번째는 소집단과 보다 큰 사회체계에서의 대인행동에 관한 주요 개념으로, 주로 이자관계에서 일어날 수 있는 관계에 대한 개념들(텔레, 만남, 공동무의식)과 이자관계 및 그보다 큰 집단에서 일어날 수 있는 상호작용의 형태들(창조성, 역할 재현)이 포함된다. 마지막은 플로렌스 모레노와 그의 동료들과의 연구 그리고 아들 조나단이 자발적 인간으로 성장하도록 돕기 위해서 제르카와 함께한 연구에 기반을 둔 아동발달에 관한 아이디어에 관한 것이다. 이들의 기여에 대한 부분은 『사이코드라마』 제2판(Moreno & Moreno, 1959: 135-187)과 『첫 번째 사이코드라마 가족(*The First Psychodramatic Family*)』(Moreno et al., 1964)에 소개되어 있다. 모든 아이가 자발성과 창조성을 경험할 기회를 갖는다면, 그들은 창조적인 성인이 되어 신과 함께 하는 공동 창조자가 될 수 있을 것이다. 병든 사회를 진단하고 치료하기 위해서 '사회정신의학자'가 필요한 것은 아니며, 개인이 사회를 재건하도록 하기 위해서 사이코드라마 디렉터가 필요한 것도 아니다. 모레노가 『창조주의 말씀』(1971: 137)에서 언급했듯이, 모든 사람은 창조하기 위해서 태어났기에 더 많은 지원 없이도 자신의 일을 잘 처리할 수 있다.

신과 우주의 공동 창조자로서의 개인

미국에서 전문가로서 활동한 대부분의 기간 동안, 모레노의 『창조주의 말씀』과 신의 창조성에 대한 그의 직접적인 접촉은 큰 주목을 받지 못했다. 그 이유는 그의 주장이나 행동이 당시에 사회행동을 연구하던 '과학적' 접근과는 상당한 거리가 있었기 때문이었다. 1969년에 모레노는 다음과 같이 기록했다.

> 초기에 나는 정신역동과 인간사회의 사회역동을 초월한 더 넓은 세계의 또 다른 영역, 즉 우주역동이 있다는 입장을 가졌다. 인간은 우주적 존재이지 단순히 사회적 존재, 개인적 존재는 아니다. 내가 대략 50년 전에 처음으로 이런 주장을 했을 때, 사람들은 이를 과장된 신비주의처럼 취급했다. 하지만 오늘날은 이것이 거의 상식이 되었다. 인간은 우주적 존재다(Moreno & Moreno, 1969: 19).

모레노의 주장에 따르면 우주는 네 번째 보편적인 현상이다. 처음 세 가지는 시간(과거, 현재, 미래), 공간(행위가 일어나는 환경) 그리고 현실이다. 사이코드라마는 이런 차원들 각각이 탐색될 수 있는 치료 환경을 제공해 주고, 심리 내적/

심리 외적 삶의 보이지 않고 접촉하기도 어려운 차원을 표상해 줌으로써 잉여현실(surplus reality)을 접할 수 있게 해 준다. 모레노의 입장에서 보자면 행위의 우주적 함의와 인간 존재의 운명에 관심을 갖지 않는 치료법은 불완전하고 부적절한 것이기 쉽다.

신과 인류의 타고난 창조성은 만물이 변하듯이 그들도 심층적인 변화를 보일 수 있다는 것을 의미한다. 사이코드라마 무대에서 주인공은 성, 나이, 성격적 혹은 관계적 측면이 달라지는 경험을 할 수 있는데, 이는 '현실' 세계가 변할 수 있다는 통찰을 갖게 해 준다. 모레노는 다음과 같이 주장했다.

> 신은 죽었다는 주장에 대한 사이코드라마적인 대답은 신은 쉽게 부활할 수 있다는 것이다. 그리스도의 예를 보면, 우리는 그에게 새 생명을 주었고 줄 수 있다. 하지만 고대인들이 했던 숭배의 형태는 아니다. 우리는 죽은 신을 대체해서 수백만의 사람이 신을 자기 안에 구체화할 수 있도록 했다 (Moreno & Moreno, 1969: 21).

인간은 계속해서 창조과정에 참여하도록 운명 지어져 있으며, 특히 대인관계에서 그렇다.

모레노는 사람들이 자신을 보다 큰 역동적 전체성의 공동 창조자로 인식하기를 원했으며 자기 안에 있는 신성을 인식하도록 돕기 위해 헌신했다(Blatner & Blatner, 1988: 56). Blatner는 모레노가 체계적이지 않은 몽상적인 철학자이며, 이론가이기보다는 시인에 더 가깝다고 보았다.

대인관계 연결망

모레노의 사회이론은 개인을 연결시켜 주는 대인관계 연결망을 강조한다. 대인관계 연결망은 사회, 공동체, 조직, 집단의 구성원 간에 주고받는 선택과 거절을 보여 주는 '소시오그램'으로 시각화될 수 있다. 공동체에 대한 심리지도는 기저에 있던 '연결망'을 드러내 준다(Moreno et al., 1960: 67). 모레노는 허드슨 직업여학교를 떠난 학생들을 통해서 연결망의 예들을 보여 주고 있다. 모레노는 연결망을 검증하기 위해서 일부러 소문을 퍼뜨려 그것이 회자되는 양상을 관찰하였다. 그는 소문이 만들어질 때 거기에 닿을 수만 있다면 연결망을 통제할 수 있다고 믿었다. 개인과 가족은 공동체의 일원이며, 그 속에서 이웃은 서로에게 끌리고 도움을 주고받을 것이다. 앞으로 건축가는 사회기하학을 배우는 학생이 되어야 할 것이다.

모레노는 개인의 연결망 분포에 관한 가설을 몇 가지 제안하였다. 집단 내에 끊긴 연결망이 있으면 집단은 양극화되기 쉬우며, 양극화가 심할수록 더 많은 갈등이 초래될 것이다. 개인 간의 연결망은 **사회인력 법칙**에 의해 형성된다. 이 법칙에 따르면 다른 곳에 있는 두 사람은 끌리는 정도에 비례해서 서로를 향해서 이동하게 되고 반대로 거부감에 비례해서 서로를 멀리하게 되는데, 그에 따라 두 사람 사이의 거리가 정해진다. 또한 어떤 사람은 많은 선택을 받는 반면에 어떤 사람은 일관되게 선택을 받지 못하고 소외되는데, 이는 **사회역동 법칙**(효과)을 따른다. 집단이 커질수록 가장 위에 있는 사람에게 더 많은 선택이 몰릴 것이다(1953: 698). 그런 분포는 결코 우연히 일어나지 않는다. 게다가 실제 소시오그램에는 보다 복잡한 구조(삼각형, 사각형, 사슬)가 많이 있다. 집단의 특징을 이해하기 위해서는 각 개인이 받은 선택의 수뿐만 아니라 구조의 수도 고려해야 한다. 사회가 기능하기 위해서 요구되는 최소한의 사슬과 연결망 수가 있을 것이다(Moreno et al., 1960: 30-39). 텔레(쌍방적인 공감 형태)와 정서적 및 사회적 신장성은 나이가 들면서 발달해 간다. 하지만 나이, 성별, 인종으로 인한 분열 또한 명확해진다(1953: 699).

사회적 지위가 높고 집단 구성원과의 상호작용 빈도가 높은 사람일수록 상황에서 요구되는 행동을 먼저 개시하는 것이 가능하다(1953: 703). 개인의 계량사회학적 지위는 높은 지위의 사람과 텔레로 연결될 때 올라간다(1953: 704). 극단적으로 외향적이거나 내향적인 집단은 안정성과 응집성이 낮다(1953: 705). 교제 범위가 넓은 개인은 더 많은 사회원자를 가지게 된다. 사회적 엔트로피는 선택을 위한 사회적 역동성이 감소한 상태이며, 정서적 신장성이 마비되어 있는 상태다. 공동체 내에서 타인에 대한 관심이 최고조에 이르면 공동체에 새로운 구성원이 들어와도 새로운 선택을 만들지 못할 것이다. 이때 집단의 자발성은 거의 0에 가깝다. 어떤 기준에서는 선택받았다가 다른 기준에서는 거부당하면 그 개인은 양가감정을 경험하게 된다(1953: 712). 집단의 구조는 과제의 영향을 받는다. 어떤 과제는 둘씩 짝을 이뤄서 하는 것이 이상적인 관계 설정일 수 있다(1953: 712). 최소한의 노력 원칙에 비추어 볼 때, 물리적인 근접성은 가까운 거리에 있는 사람과 친분을 쌓기 쉽게 한다.

사회의 심리유기체적 수준은 보다 높은 신체적 친밀감을 보이며 현재의 심리사회적인 수준보다 우선시되어 왔다. 이런 변화는 개인주의의 증가와 집단 분화의 가속화에 수반된 것으로 사회유전 법칙에 따라 보다 복잡한 양상을 띤다. '누가 살아남을까?' 라는 질문에 대답하기 위해서는 먼저 '자연 선택에 대한 사회법칙이 있는가?' 라는 물음부터 가져야 한다. 그 대답은 '그렇다' 이다. 자연 선택은 소집단에서 일어나고 있으며, 일부 개인은 연결망에서 배척당하기도 한다(Moreno et al., 1960: 6). 모든 사람은 살기 위해서 최선을 다할 수 있는 기회를 가져야 한다. 모레노는 만물의 조화와

합일을 위해서 자발적인 힘들 간에 균형을 맞추고자 노력했으며 '자유기법' 을 추구하였다(Moreno, 1934: 7; Moreno et al., 1960: 7).

사회원자

모레노는 개인이 가장 의미 있는 관계를 맺고 있는 사람의 집합을 사회원자라고 불렀다. 모레노의 정의에 따르면 사회원자는 한 개인이 의미 있는 방식으로 관계를 맺고 있는 핵심적인 개인들로, 이들은 그 개인과 동시에 관계를 맺고 있다. 여기서 관계는 정서적, 사회적, 문화적일 수 있다. 사회원자는 특정 개인에게 집중되는 선택과 거절로 형성되는 종합적인 대인관계 구조에서 확인된다. 끌림과 거부는 단순한 감정이 아니고 여러 감정의 최종 산물이다(Moreno et al., 1960: 52). 사회원자는 가장 작은 사회적 단위로 물리적 원자처럼 더 작은 구조(전자, 중성자 등)를 갖고 있지 않다.

교제 범위는 일정 시점에서 친분을 맺고 있는 수를 말한다. 사회원자는 그 핵이다. 사회원자는 실제 관계인 중심핵과 소망하는 관계인 외부핵으로 나뉠 수 있다(Moreno et al., 1960: 55). 개인마다 물건, 가치체계, 목표 등에 대한 선호가 다르다. 예를 들면, 성별, 음식, 돈, 아이디어에 대해 그러하다. 돈에 특히 가치를 두는 사람은 돈의 높은 가치를 공유할 수 있는 사람을 선택할 것이다. 모레노는 개인의 특성에 대한 측정치로 가치 목록을 추가할 것을 제안한 바 있다. 사람에게 친화력을 강하게 보이는 사람은 사물에는 약한 친화력을 보일 수 있고 또 그 반대도 가능하다(Moreno et al., 1960: 58).

어떤 사람은 구체적인 개인보다는 어떤 특징을 소유한 일반적 범주의 사람에게 끌릴 수 있다. 그러나 특별한 개인에 대한 끌림은 일반적 범주에 대한 끌림을 파괴할 수 있다. 화두를 갖고 수행하는 수도자는 그가 만나는 모든 사람에게 동일하고 고른 사랑을 베풀고자 하지만, 이런 태도는 그가 예민해져 있는 한 개인에 의해서 갑자기 방해를 받을 수 있다.

모레노는 미래를 위한 세 가지 선택을 제안하고 있다. 먼저 사회가 사람이 아닌 사물에 대한 감정만 있는 곳이 되어서 사람 간의 정서적 흐름이 완전히 없어질 수 있다. 은둔자, 성자, 정신분열증 환자 등이 그러한 예다. 혹은 적절한 예를 찾기는 힘들지만 오직 사람에 대한 애착만 있는 사회가 있을 수 있다. 마지막으로 불교 신자의 사회처럼 사람이나 사물 어디에도 애착이 없는 사회가 있을 수 있다(Moreno et al., 1960: 60-61). (모레노는 선호를 얘기하는 것이 아니다.)

"나이가 들면 들수록 의미 있는 역할을 하던 사람의 상실을 대체하는 것이 더욱 어려워진다. …… 사회적 죽음. 노인은 사회원자의 젊음을 회복하려고 노력해야 한다. 사람의 생명은 사회원자를 통해서 죽음을 초월해 확장된다." (Moreno et al., 1960: 63-64) 지지적인 사회원자와 연결망을 갖고 있어야 개인은 계속해서 창조적이 될 수 있다.

계량사회학적 기준

타인이 일 때문에 선택되든 사교적인 이유에서 선택되든 간에 대인 간 선택의 기초가 되는 기준은 사회를 이해하는 데 매우 중요하다. 지구상에 존재하는 개인이 서로 간에 맺고 있는 관계의 수는 인구수의 몇 배나 된다. 계량사회학적인 의미에서 보자면, 모든 사람은 겉으로 드러나는 것보다 훨씬 많은 소집단에 속해 있다. 수백만의 소집단이 계속해서 형성되고 해체되고 있다. 계량사회학적 기준은 계량사회학적으로 정의된 모든 소집단을 활동하게 하고 개인이 어떤 목적을 위해 자발적으로 서로를 찾게 하는 공통된 동기가 된다. 그 기준은 집과 쉼터를 찾는 것, 음식과 수면에 대한 욕구, 사랑과 우정만큼이나 근본적인 것일 수도 있으며, 카드 게임만큼 우연적인 것일 수도 있다.

수백만 가지의 기준에 따라 집단이 계속해서 형성되고 있다. 그 기준은 외현적인 실체가 있는 인간사회에 심층적이고 무의식적이며 복합적인 하부 구조를 제공해 준다. 즉시적인 경험에 가려져 있고 외현적인 구조와 하부 구조 간의 구분이 명확하지 않아 하부 구조를 찾는 것은 쉽지 않다. 구조들 간에도 서로 복잡하게 얽혀 있다. 때로는 대인관계 구조의 실체가 외현적으로 지각될 수도 있지만, 많은 경우 대인관계 구조를 밝히기 위해서 포괄적인 미시사회학적인 연구가 요구되기도 한다(1953: 96-97).

선택, 동기 및 원인

대인 간 선택에 대한 이론에서 모레노는 측정의 한 형태인 계량사회학적 검사를 소개하였다. 계량사회학적 검사는 다음의 세 단계로 구성된다.

1. 자발적 선택
2. 선택의 동기
3. 선택의 원인 파악

집단원이 함께 모인 기준이 무엇이든지 자발적 선택은 한 개인이 집단에 속한 사람들 중에 얼마나 많은 수의 사람과 함께 활동하고 싶어 하는지를 보여 준다. 동기화는 각 개인과의 면담을 통해 이루어지는데, 더 나아가 한 개인이 집단 활동을 할 때 경험하는 끌림과 거부의 수를 알려 준다. 끌림과 거부의 기저 원인은 계량사회학적인 목적에 맞춰서 개발된 자발성 검사와 역할놀이 검사를 통해서 알아볼 수 있다.

자발성 검사는 개인이 두려움이나 분노 같은 기본적인 감정 반응을 자발적으로 표현할 수 있는 표준적인 상황에 놓이게 한다. 가능할 경우, 역할놀이를 하기도 한다. 역할놀이 동안 모방하는 몸짓과 언어 표현이 기록되는데, 이는 행위자의 성격 구조, 실제 상황에서 그가 보이는 모습과 타인과의 관계에 대한 특징적인 단서를 제공해 준다. 다양한 검사의 적용 사례는 모레노가 허드슨 직업여학교에서 시행한 작업을 중심으로 3장에 소개되어 있다.

텔레는 상호적인 선택을 가능하게 해 준다. 한 쌍에서 두 개의 상호적인 첫 번째 선택이 일어나면 첫 번째 선택과 세 번째 선택보다 더 많은 텔레가 존재하게 된다. 모레노는 단순형, 상징형, 대상, '인프라' 등 텔레의 여러 형태를 소개하는 도표를 제시한 바 있다. 하지만 모레노가 체계적인 관찰이나 연구를 통해서 이러한 형태들 간의 차이를 검증하지 않았기 때문에 이는 여전히 가설로만 남아 있다. 모레노는 일부 개념을 '강도의 정도'에 따라 배열하기도 하였다. 그는 집단 내 사람이 받은 선택의 수와 집단 밖의 사람이 받은 선택의 수를 비교한 집단 점수를 제안하기도 하였다(Moreno et al., 1960: 39-42).

모레노는 사회 및 문화 원자와 의사소통망으로 구성된 가장 기본적인 사회적 관계를 '계량사회학적인 보편 단위

(universalia)' 라고 불렀다. 이것은 문화적인 환경을 초월해서 모든 사회에서 발견된다. 이는 사회과학에 의해 드러나는 사회체계 내에 존재하는 사회적 사실이다(1953: 617-618). '고급 연구를 위한 일반적 가설과 조언들' 이라는 제목으로 『누가 살아남을까?』에 그에 대한 상세한 요약이 실려 있다. 이 요약은 다양한 '저술' 에서 발견되는 107개의 가설과 일반론에 관한 목록의 형태를 취하고 있으며, 이러한 가설들은 『누가 살아남을까?』라는 한 권의 책으로 집대성되었다. 그 가설 목록은 이 장의 부분적인 기초가 되었다.

모레노는 1930년대에 수행한 허드슨 직업여학교에서의 연구 이후에는 계량사회학 연구를 직접 하지는 않았다. 하지만 그는 그 시기에 수집된 자료를 가지고 계속해서 논문을 발표했다.

계량사회학의 토대는 '자발성과 창조성에 대한 학설' 이다(Moreno et al., 1960: x). 진정한 계량사회학적 연구에서 사용하는 자료수집 방법은 타당한 자료를 얻기 위해서 피험자를 워밍업시키는 것을 포함한다. "사회과학은 집단원에게 연구 지위를 부여하는 만큼 계량사회학이 된다." 집단원은 참여해서 행위자를 평가한다. "계량사회학은 행위를 자극하고 행위에 개방적이지만, 행위를 일정 범위 안에 두기 위해서 과학적인 엄밀성을 지키고 실험적인 방법을 사용한다." (Moreno et al., 1960: xii)

모레노가 제안한 이 같은 기준에서 보면, 지금까지의 대부분의 연구는 '계량사회학적' 인 것으로 보기 어렵다. 왜냐하면 피험자는 계량사회학적 검사 상황에 참여함으로써 일어나는 대인관계에 대한 이해에 근거해서 행위를 하도록 거의 요구되지 않았기 때문이다. 따라서 모레노가 대인 간 선택에 관한 많은 연구 결과를 정리해서 자신의 행위이론을 확장하고자 했더라도, 아마 그는 자발적이고 창조적이 되는 것의 효과를 분석할 수 있는 유용한 자료를 찾기 어려웠을 것이다. 가장 좋은 증거는 사이코드라마에 참여한 사람들을 통한 효과 연구에서 찾을 수 있겠지만(이 내용은 3장에서 다루고 있다), 이조차도 사이코드라마 디렉터가 행위기법을 적용했을 때에 참여 효과를 확인시켜 줄 수 있는 추적연구가 거의 없었다. 하지만 모레노는 그 효과는 그 자리에서 일어났던 현상 자체에서 충분히 확인되었다고 주장하였다.

사회의 세 차원

사회에는 외적 현실, 계량사회학적 모체(matrix), 사회적 현실의 세 차원이 있다. 외적 현실은 실체가 있는 눈에 보이는 집단으로, 가족이나 교회와 같은 합법적인 것이 있는 반면에 조직폭력배 같은 불법적인 것이 있다. 계량사회학적 모체는 계량사회학에 의해 드러나는 보이지 않는 관계들로 이루어진다. 그리고 사회적 현실은 외적 현실과 계량사회학적 모체가 역동적으로 통합된 것이다. 사회적 갈등은 공적 사회와 계량사회학적 모체 사이의 사회역동적 차이에 비례해서 증가한다. 과학자는 공동 행위자로서 피험자와 함께 하는 행위 대행자다. 여기서 실험실은 그 자체가 삶의 장이 된다. 계량사회학적 절차가 그 삶의 장에 보다 가까울수록 보다 적절한 자료가 수집될 것이다. 우리는 개인과 집단의 활동을 돕는 워밍업 과정을 이해해야 한다. 선택은 태도가 아닌 행위를 위한 결정을 반영한다(Moreno et al., 1960: 118-126). 사회적 모임들은 생물학적, 경제적, 종교적, 문화적 요인에 따른 선택들의 조합으로 조직된다.

텔레, 만남 및 공동무의식

텔레는 타인의 실제 모습에 대해 느끼고 알아주고 통찰하는 것이다(Moreno et al., 1960: 17). 이는 만남 동안 일어난다. 사회적 형태는 둘 혹은 다수의 상호작용 방식을 갖고 있다. 텔레는 공감과 전이로 구성되어 있다. 개인 간의 사회적 거리가 멀수록 그들의 관계에 대한 지각은 더욱 부정확할 것이다.

두 개인은 대면해서 행위자로서 서로를 경험한다. 거기에는 총체적인 상호성이 있다. 만남은 지금-여기서 그 순간에 일어난다(Moreno et al., 1960: 15-16). 전이와 역전이가 만남을 방해할 수도 있지만, 만남은 심리치료 과정의 실제적인 기초가 된다.

집단심리치료 과정에서도 계량사회학적인 기초 현상들이 일어난다. 개인이 집단치료를 위해서 한곳에 모였을 때, 집단 형성의 초기에는 서로를 관찰할 수만 있다. 치료자는 자연스러운 집단화를 관찰할 수 있다. 개인은 집단원으로서의 공통된 경험에서 비롯된 **공동무의식적**(Co-unconscious)인 자료에 의해 함께 묶인다(Moreno et al., 1960: 113). "역할 바꾸기는 '너와 나' 사이의 만남을 한층 더 고조시켜 준다. 그것은 집단에 통일성, 정체성, 보편성을 심어 주는 마지막 접촉이다."(Moreno et al., 1960: 117)

자발성, 창조성 및 문화적 보존물

자발성은 상황에 적절한 반응을 다양하게 구사할 수 있는 정도다. 여기서 적절하다는 것은 유능성과 기술을 겸비하고 있다는 것이다. 자발성은 행동에 대한 준비성과 관련된다. 워밍업 과정은 자발성이 발현되는 것이다. 자발성은 부정적 범주에 속하는 불안, 두려움, 방어 등과는 반대되는 것으로 긍정적 범주에 속한다.

창조성은 행위와 관련된다. 그 최종적인 산물이 **문화적 보**

존물(Cultural Conserve)이다(Moreno et al., 1960: 12). 문화적 보존물의 한 예로 모레노는 베토벤의 9번 교향곡을 들었다. 이것은 대체로 문화에 기여한다. 모레노는 또한 개인 각각의 창조적 행위도 새로운 상황에 적절한 반응이든 이전 상황에 대한 새로운 반응이든 간에 개인의 문화적 보존물로 고려하였다. 그것은 미래에 같은 형태를 창조하게 해 주는 모델이 된다는 점에서 개인적인 '유산' 의 일부가 된다. 창조물은 새로운 단어, 새로운 구절, 새로운 행위가 될 수도 있다.

카타르시스는 변화와 성장 가능성에 대한 깨달음이며, 더불어 상황의 의미가 달라졌다는 깨달음이기도 하다.

역할과 문화원자

역할은 사적이고 집단적인 요인의 융합이다. 그것은 '보존된' 행동(문화적 보존물의 한 형태)의 단위다. 모레노는 역할이라는 용어를 사회심리학에서 일반적으로 쓰는 것과 같은 개념으로 사용하였다. 역할은 권리와 의무의 집합으로 관습이나 법에 의해 미리 정해져 있으며 사회적 신분과 연합되어 있다. 역할 실현은 두 가지 방식으로 나타난다. 하나는 역할이 일반적으로 행해지는 방식이고, 다른 하나는 개인이 자발성을 발휘해서 변화를 주는 것이다. 역할이 이미 분명히 확립되어 있으면 개인은 역할을 변형시킬 수 없고 그대로 떠맡을 수밖에 없다. 역할놀이에서는 개인이 변화를 줄 수 있다. 역할 창조는 상당히 자유롭게 자발적인 연기를 할 수 있게 해 준다.

자기는 역할에서 나온다. 잠자는 자나 먹는 자와 같은 정신신체적 역할, 특정한 어머니나 선생님 같은 사회적 역할의 사적인 판인 사이코드라마적 역할, 어머니나 선생님 같은 사회적 역할이 있다. 개인은 먼저 해당 역할을 지각한 다음 행동으로 옮긴다. 역할 수행의 규준과 다른 상황에서 기대할 수 있는 자발성의 정도를 측정할 수 있다. 또한 사이코드라마에서 개인이나 집단이 역할을 발전시켜 나가는 방법을 살펴볼 수도 있다.

모레노는 아이들이 공동체에서 요구하는 역할을 얼마나 잘 학습하는지를 측정할 수 있는 검사를 개발했다. 이 검사에서 모레노는 아이에게 어머니, 아버지, 선생님, 의사 같은 역할을 해 보게 했다. 공동체에 속한 5명의 구성원은 그 역할이 얼마나 잘 수행되었는지를 판단해야 한다. 아이가 요구받은 역할을 잘하지 못하면, 어른이 표준적인 방식으로 그 역할을 해 보이고 나서 아이가 역할을 제대로 인지했는지를 평가한다. 모레노는 역할에 대한 지각이 역할을 수행할 수 있는 능력을 그대로 반영하지는 않음을 발견했다. 대조적으로 자발성 요인에서 높은 수준을 보인 아이가 그 역할을 정교화할 수 있었다(1972: 162-169).

Mead도 역할 수행에 대해서 논의한 바 있다(Mead, 1950). 모레노는 역할놀이를 추가했다. 거기에는 역할 보존에 대한 저항이 있다. 행위자는 상황에 역할을 적응시키고 싶어 한다. 사회가 변하고 그와 함께 역할도 변하기 때문에 개인은 변화에 잘 적응할 수 있어야만 한다. 모레노는 역할에 생명을 부여하고 변화에 유연해질 수 있도록 하기 위한 역할놀이 기법을 개발했다. 모레노는 미드, 프로이트, 베르그송은 한계가 있다고 지적했다. 그들은 모레노와 같은 행위자이면서 동시에 관찰자인 사람을 필요로 했다(Moreno et al., 1960: 80-86).

각 개인은 다른 개인의 역할과 관련되어 있으며 그런 수많은 역할의 초점이다. 개인은 항상 친구와 적을 함께 갖고 있으며, 그래서 역할과 그 반대 역할의 집합이 존재한다. 각각의 역할 집합은 계속해서 변화하고 발전한다. 자아의 구체적인 모습은 개인이 하는 역할들이다. 모레노는 일정 시기에 개인이 보이는 역할관계들의 집합을 **문화원자**라고 일컬었다(1953: 70).

문화원자는 문화적 양상 중에서 가장 작은 단위다. 하지만 문화원자는 사회원자보다 크며 사회원자가 문화원자 내에 포함된다. "한 집단의 사회적 원자 조직은 문화적 원자 조직과 분리될 수 없다." (Moreno et al., 1960: 53-54)

집단 내의 행동역동

모레노는 사이코드라마에 대한 그의 접근과 다양한 기법을 완성해 갈 때 연극 무대에서의 경험뿐만 아니라 자기 삶의 경험에 직·간접적으로 의존했다. 그의 아이디어들은 사실상 집단 내의 행동역동에 관한 이론이다. 행동역동에 관한 이론은 일련의 사회극을 통해서 삶 자체에 대한 분석에 이용될 수 있다. 이는 모레노가 아닌 다른 사람들에 의해 시도되었다. 인류학자들은 특히 신분의 이동을 가져오는 중요한 의례행위들을 일종의 '사회극'으로 기술하였다. 사회심리학자들은 '무대 위'나 '무대 뒤'에서 벌어지는 행위와 상호작용의 토대로서 스크립트를 강조하였다(Hare, 1985; Hare & Blumberg, 1988).

모레노의 아이디어는 사회적 상호작용의 토대가 되는 각본 연출상의 역할 분석을 위해 직접적으로 사용될 수 있다. 그 예로는 일상적인 사건 속에서 디렉터, 주인공, 보조자, 관객의 역할을 하는 사람을 찾아보거나, 가능한 아이디어 및 무대와 장면 세팅을 선택하고 역할을 개발하고 시연해 봄으로써 행위를 통해 경험되는 새로운 의미를 공유하고 행위가 발전되어 가는 과정을 살펴보거나, 역할바꾸기·독백·이중자아 등 기법의 예를 찾아보는 것 등을 들 수 있다(Hare,

1985).

성격과 아동 발달

앞에서 대인관계 연결망에 대해 논의하면서 언급한 바와 같이, 모레노에게서 성격은 개인이 살면서 학습해 온 역할을 반영해 준다. 성격의 핵심적인 요인은 개인이 자발적이고 창조적일 수 있는 정도로, 특히 대인관계 상황에서의 모습이 중요하다. 따라서 개인의 성격적인 기원을 찾으려면 아동 발달의 가장 초기 시절을 탐색해 봐야 한다. 모레노는 '아동 발달에 관한 자발성 이론' 을 발표한 바 있다(1944).

모레노의 관점에서 보자면, 자발성과 창조성은 일차적이고 긍정적인 현상이지 리비도나 동물적 욕동의 파생물이 아니다. 분석의 기본적인 문제는 유아가 환경에 대처하기 위해서 어떻게 '준비되어(warm up)' 있고 태어난 순간부터 그것을 어떻게 계속 유지하느냐다. 여기서 환경의 가장 중요한 부분은 유아가 상호작용하는 타인이다. 유아는 태어나기 위해서 엄마 뱃속에서 9개월 동안이나 준비를 했다. 그 후 인간세계의 도전에 성공적으로 대처해야만 한다.

생후 첫해, 즉 '첫 번째 우주' 는 전체-정체성(all-identity) 시기로, 엄마와 타인의 행위가 유아에게는 자기 정체성의 확장으로 여겨진다. 이 기간 동안 유아는 위대해지고자 하는 행위에 대한 갈증이 있으며, 너무 많은 에너지를 소비해서 뭐가 일어났는지 기억할 에너지도 없어진다. 이는 '유아기억상실증' 이라 일컬어진다. 순간의 행위에 너무나 압도적으로 몰입한 나머지 어떤 기억도 제대로 자리를 잡지 못한다. 전체-정체성 시기 동안은 감각되는 모든 것이 나눠질 수 없는 집합체로 지각된다.

전체-현실(all-reality)이라는 두 번째 시기, 즉 '두 번째 우주' 동안에는 사람과 사물이 서로 분화되고 또 유아로부터도 분화가 된다. 두 번째 우주 시기의 초기인 대략 3세 무렵의 유아는 현실과 환상을 구분할 수 있다. 사회적 역할은 현실세계와 정신신체적 역할(먹는 자나 배설자와 같은 신체 기능이 주가 되는 역할)을 연결시켜 주고 환상세계와도 연결시켜 준다. 유아는 현실세계와 관련된 행동과 환상세계와 관련된 행동 사이에서 균형을 유지하기 위해 계속해서 씨름한다.

자발성은 기억이나 논리가 별 도움이 되지 않을 때 개인이 도전적인 상황에 적절히 맞서게 해 준다. 인간의 행동은 자발성 요인 때문에 완벽히 예측하는 것이 어렵다.

새로운 상황과 마주칠 때, 성인뿐만 아니라 유아도 '준비과정'이 필요하다. 신체 활동을 시작하는 기제에서도 준비과정에 대한 신체적인 현상을 쉽게 찾아볼 수 있다. 이런 모습들은 눈 주위, 코, 입 및 기타 신체 부위에 집중되어 있다. 준비 과정이 나타나는 것은 자발성이 활성화되었다는 표시이기도 하다.

유아의 역할 수행은 역할주기와 역할받기로 구성된다. 이는 전체-정체성 단계에서 상보적 역할을 하고 있는 타인에게 주의가 완전히 집중되는 점진적인 과정으로 경험된다. 유아의 정서적 학습은 역할바꾸기 과정에 기반을 두고 있다. 학습의 최종 단계에서 아동은 다른 누군가를 향해서 상보적인 역할을 할 수 있게 되고, 그리고는 역할이 바뀌어서 그 사람이 아동이 최초에 했던 역할을 하게 된다. 역할바꾸기와 타인에 대한 끌림과 거부는 경험을 통해서, 유아는 자각, 느낌, 이해와 같은 텔레를 경험한다.

이 장에서는 모레노(1967)와 여러 사람(Biscof, 1970)이 사회 속 대인관계 연결망을 강조하는 모레노의 이론을 기술할 때 흔히 소개하는 주요 개념들, 그리고 그것이 개인의 자발성과 창조성을 증진시켜 주기 위해서 어떻게 활용될 수 있는지에 대해서 간략히 살펴보았다. 이 장의 서두에서 언급한 바와 같이, 텔레, 전이, 잉여현실 등의 개념은 3장에서 다시 다루어진다. 모레노는 이 개념들을 사이코드라마의 실제에 적용하고 있다. 그는 사람들이 개인과 지역공동체의 정신건강을 위해서 사회적 연결망에서 최적의 위치를 찾아가는 것을 도왔으며, 이를 사회원자 수리 작업이라 일컬었다. 모레노는 사실상 집단치료 이론이라고 할 수 있는 사이코드라마 방법도 소개하고 있다. 4장에서는 모레노의 '강연'을 요약해서 그의 치료적인 주요 관심사에 대해서 논의할 것이다. 모레노는 자신의 방법을 상담에 직접 적용하지는 않았다. 시간이 지나 다른 사람에 의해서 이런 시도가 이루어졌다. 예를 들어, Shoobs(1956), Stein과 Callahan(1982)은 사이코드라마 기법이 개인상담에 적용될 수 있는 방법임을 보여 주었고, Rockwell(1987)은 진로상담에 계량사회학을 적용했다. 그리고 Kane(1992)은 집단상담에 고전적인 사이코드라마 기법을 그대로 적용했을 때 초래될 수 있는 한계, 잠재적 학대, 부정적인 효과에 대해서 논의하였다. 이러한 Kane의 논의는 4장에 요약되어 있다.

3 주요 임상적 공헌

집단치료 실제에 대한 Moreno의 주요 업적은 개인의 문제를 다루는 새로운 형태의 치료인 사이코드라마와 그 변형이 사회 문제를 다루는 소시오드라마를 개발했다는 점이다. 사이코드라마는 '사회원자 수리 작업'으로 묘사되어 왔다. 모레노의 주장에 따르면 개인이 자발적이고 창조적이 되기 위해서는 집단의 지지가 필요한데, 이는 사회원자의 형태, 즉 중요한 타인들의 연결망으로 이루어진다. 죽음이나 다른 형태의 분리로 누군가 사회원자에서 떨어져 나가면 사회원자는 수리될 필요가 있다. 새로운 관계가 형성될 필요가 있다. 때로는 외상적 경험을 재현하는 것이 필요한데, 이는 통합의 카타르시스를 경험하게 해 주며 이어서 정서적 카타르시스와 새로운 통찰을 경험하게 해 준다(Moreno, 1956: 22).

이 장의 첫 번째 부분은 사이코드라마에 관한 것으로, 사이코드라마의 주요 개념, 기법, 보조적 방법 그리고 사회적 조사자로서의 디렉터와 보조자아의 기능에 대한 모레노의 기술을 소개할 것이다. 구체적인 예는 모레노가 실시했던 세 개의 사이코드라마와 두 개의 소시오드라마에서 발췌하였다. 사이코드라마와 소시오드라마에 사용되는 기법은 본질적으로 동일하며, 다만 그 초점이 다를 뿐이다. 사이코드라마의 기법은 사용자에 따라 다양하게 적용되고 있으며, 학교, 산업체, 특정 임상집단 등의 다양한 장면에서 활용되고 있다.

이 장의 두 번째 부분은 계량사회학에 대해서 소개하고 있다. 계량사회학은 집단, 조직, 공동체의 심리적 기저 흐름을 제공해 주는 사회원자와 대인 간 선택의 연결망을 알아보기 위해서 모레노가 개발한 방법이다. 계량사회학적 방법은 주로 허드슨 직업여학교에서 Helen Jennings와 공동으로 연구되었는데 이때의 작업을 자세히 소개하였다.

사이코드라마

사이코드라마에 대한 모레노의 기술은 다섯 가지 주요 '도구' (무대, 주인공, 디렉터, 보조자아, 관객)와 준비에서 나눔의 단계에 이르기까지 극이 진행되면서 일어나는 상호관계

등을 포함하고 있다. 또한 그는 기본 기법의 목록과 일부 기본 개념(텔레, 잉여현실, 통합의 카타르시스)에 대해서도 짧게 언급하고 있다. 1990년대에 활동했던 사이코드라마 전문가의 상당수는 모레노나 제르카 모레노에게 직접 훈련받은 사람들로서 고전적인 형태를 계속 유지하고 있다. 하지만 일부는 사이코드라마에서 드러난 정보를 해석하기 위해서 다른 이론의 개념을 추가적으로 도입하기도 하였다.

우리는 여기서 사이코드라마에 대한 모레노 자신의 기술을 그대로 인용하였다. 독자는 사이코드라마에 대한 그의 열정을 느낄 수 있을 것이다(Moreno, 1953: 81-87). 모레노는 일반인을 '그'로 표현하고 있다. 소제목은 우리가 붙인 것이다.

> 드라마는 그리스어로 행위 혹은 행해진 것을 의미한다. 사이코드라마는 드라마적인 방법으로 '진리'를 탐구하는 과학이라 정의할 수 있다. 사이코드라마는 대인관계와 사적인 세계를 다룬다. 사이코드라마에서는 다섯 가지 도구를 사용하는데, 무대, 주체 혹은 행위자, 디렉터, 치료적 도움을 주는 스태프나 보조자아 그리고 관객이다.
>
> **무대** 첫 번째 도구는 무대다. 왜 무대인가? 무대는 행위자에게 살아 있는 공간을 제공해 준다. 그 공간은 다차원적

이고 최대한 유연한 곳이다. 현실의 공간은 매우 좁고 제한적이어서 그는 자신의 평정을 쉽게 잃어버린다. 그는 참기 힘든 스트레스에서 벗어나 경험과 표현의 자유를 얻음으로써 잃어버렸던 평정을 무대 위에서 다시 찾게 된다. 무대 위 공간은 삶 자체에 대한 현실 검증이 필요 없는 삶이 확장된 곳이다. 여기서 현실과 환상은 갈등할 필요가 없다. 이 둘은 보다 넓은 공간—대상, 사람, 사건으로 구성된 사이코드라마 세계—안에서 작동하고 있다. 사이코드라마의 논리 속에서는 햄릿의 아버지 유령은 햄릿만큼이나 현실이고 실재하는 존재다. 망상과 환각도 무대 위에 구현됨으로써 생명을 갖게 되고 정상적인 감각과 지각을 갖춘 동등한 지위를 얻게 된다. 무대의 건축학적인 디자인은 기능적인 요구에 따라 만들어졌다. 무대의 둥근 형태와 층들, 열망의 수준은 수직적인 차원을 나타내는 것으로, 긴장에서 벗어나 안도하도록 자극하며 활동의 유연성과 이동성을 보장해 준다. 필요하다면 사이코드라마의 장소는 주인공만 있으면 어디든 가능하다. 전쟁터, 교실, 개인의 집도 가능하다. 그렇지만 심층적인 정신적 갈등을 제대로 해소하기 위해서는 객관적인 세팅인 사이코드라마 극장이 필요하다.

주인공 두 번째 도구는 주체, 즉 행위자다(오늘날은 주인공으로 일컫는다.). 그는 무대 위에서 자기자신이 되어서 자신의 사적인 세계를 표현해 보도록 요구받는다. 그는 극본에 따라 그에게 부여된 역할을 하기 위해서 사적인 자신을 희생하도록 강요받는 배우가 아니라 그 자신이 되도록 지시받는다. 일단 그가 그러한 요구에 웜업되면, 자신의 일상생활을 행동으로 표현하기는 비교적 쉽다. 왜냐하면 자신에 대해서 자기만큼 잘 아는 사람이 없기 때문이다. 그는 마음속에 떠오르는 것을 자유롭게 행동으로 표현해야 한다. 무엇보다 자유로운 표현과 자발성이 중요하다. 자발성 다음으로 중요한 것은 시연과정이다. 언어적인 수준에서 행위 수준으로 옮겨가야 한다. 시연의 형태는 어떤 역할을 흉내 내는 것, 과거 장면을 재연하거나 행동화해 보는 것, 현재 자신을 짓누르는 문제를 헤쳐 나가는 것, 무대 위에서 새로운 삶을 창조하고 미래를 위해서 자신을 시험해 보는 것에 이르기까지 다양하다. 다음은 개입의 원리다. 우리는 치료 상황뿐만 아니라 검사 상황에서도 타인과 대상에 대한 최소한의 개입이 주체를 위해서 가장 바람직하다는 생각을 제안한 바 있다. 사이코드라마 상황에서는 최소에서 최대에 이르는 모든 수준의 개입이 일어난다.

이어서 현실화의 원리다. 주체는 자신의 일부를 만날 뿐만 아니라 자신의 정신적 갈등 속에 있는 타인을 만나기도 한다. 이 인물은 실재하는 사람일 수도 있고 아닐 수도 있다. 다른 곳에서는 말뿐이었던 현실 검증이 여기서는 무대 위에서 실제로 이루어진다. 자신을 표현하도록 돕기 위한 준비 과정은 다양한 기법에 의해 촉진된다. 그중 몇 가지를 소개하면 자기소개, 독백, 투사, 저항 가필, 역할바꾸기, 이중자아, 거울기법, 보조세계, 현실화와 심리화학적 기법이 있다. 이런 다양한 기법을 동원하는 목적은 주체가 배우가 되게 하기 위한 것이 아니다. 그 목적은 실제 현실에서 나타나는 것보다 더 심층적이고 분명하게 자신이 되도록 격려하는 것이다. 환자는 자기 삶의 실제 인물들, 예를 들면 아내, 아버지, 자녀 등을 연기하는 인물이나 자신을 연기하는 행위자인 보조자아를 둘 수 있다.

디렉터 세 번째 도구는 디렉터다. 그는 연출가, 상담자, 분석가의 세 가지 기능을 한다. 연출가로서 그는 주체가 극 행위로 표현하는 모든 단서에 주의를 기울여 연출의 맥을 주체의 삶에 맞추면서도 관객과의 라포를 결코 놓쳐서는 안 된다. 디렉터로서 주체를 공격하고 충격을 주기 위해서 때로는 그를 비웃고 놀릴 수 있다. 때로는 디렉터가 간접적이고 수동적인 입장이 되어서 회기가 주체에 의해서 이끌어지도록 지켜볼 수 있다. 분석가로서 그는 해석할 때 관객, 남편, 부모, 아이, 친구, 이웃 등의 정보원에게서 얻은 반응을 참고하기도 한다.

보조자아 네 번째 도구는 보조자아라는 스태프다. 보조자아, 즉 참여 행위자는 이중적인 중요성을 갖는다. 그들은 디렉터의 확장으로서 탐색하고 안내하는 역할을 하는 동시에 주인공의 확장으로서 실제 혹은 상상의 극중 인물을 연기한다. 보조자아의 기능은 세 가지다: (1) 주체의 세계에서 요구되는 역할을 하는 행위자의 기능, (2) 주체를 안내하는 상담자의 기능, (3) 사회적 조사자의 기능.

관객 다섯 번째 도구는 관객이다. 관객 자체는 이중적인 목적을 갖고 참여한다. 관객은 주체를 돕기 위해서 봉사하거나 또는 무대 위 주체에게 도움을 받아서 자신이 문제가 되기도 한다. 주체를 도울 때, 관객은 여론이 형성되는 곳이 된다. 관객의 반응과 의견은 주인공의 반응만큼이나 즉흥적이어서 웃음에서 난폭한 저항에 이르기까지 다양하다. 예를 들어, 주체가 보이는 무대 위 드라마가 망상과 환각에 근거해서 만들어지면 주체는 더욱 고립될 수 있는데, 그럴수록 그를 기꺼이 수용하고 이해해 주는 관객의 존재는 그에게 중요한 의미를 갖는다. 반면에 관객이 주체에게 도움을 받을 때는 관객이 주체가 됨으로써 상황이 뒤바뀌게 된다.

사이코드라마의 단계 사이코드라마에 대한 논의에서 드라마 진행 중에 일어나는 주요 역동에 대한 것이 빠져서는 안 된다. 사이코드라마 과정의 첫 단계에서 디렉터는 주체의 저항에 부딪힐 수 있다. 대부분의 경우, 사이코드라마화되는 것에 대한 저항은 적거나 거의 없다. 주체는 극 연출에서 자신이 만들어 가는 부분이 있음을 이해하게 되면 협력하게 된다. 디렉터와 주체 간의 싸움은 사이코드라마 상황에서 벌어지는 극적이고 생생한 현실이다. 그들은 어느 정도 서로를 전사처럼 평가하고, 강한 스트레스와 도전이 있는 상황에서 서로를 직면한다. 각자는 자발성을 발휘해서 자신의 자원을 잘 활용해야 한다. 삶 자체의 현실 속에는 관계와 상호작용을 형성시키는 긍정적인 요인들, 즉 자발성, 생산성, 워밍업 과정, 텔레와 역할과정 등이 존재한다.

사이코드라마티스트는 주체가 발동을 걸어 시작할 수 있도록 다양한 노력을 기울여야 하고, 일단 그러고 나면 장면 뒤로 물러난다. 흔히 그는 그 장면에서 어떤 역할도 하지 않으며 때로는 심지어 나타나지도 않는다. 주체의 입장에서 보면 전이 대상으로서의 디렉터가 상황 밖으로 나가 있는 것이다. 디렉터의 퇴각은 주체에게 자신이 승리자라는 느낌을 갖게 해 준다. 사실상 이는 본격적인 싸움이 있기 전의 예비 웜업일 뿐이다. 주체가 원하는 대로 다른 사람이 그 장면에 도입되는데, 그들은 망상과 환각에서처럼 그에게 친근한 사람들이다. 그는 이방인인 디렉터보다 그들을 훨씬 더 잘 안다. 주체는 많은 인물이 장면에 도입될수록 디렉터를 더 잊기 쉽다. 디렉터도 적어도 당분간은 자신이 잊히기를 바란다. 이렇게 잊히는 것의 역동은 쉽게 설명될 수 있다. 디렉터가 장면 구성에서 빠지면서 보조자아가 참여하게 된다. 그리고 그들 사이에 텔레의 공유, 전이와 공감의 구분이 이루어진다. 극 전개 동안에 전이가 모든 대인관계를 형성하고 균형을 맞추는 기능을 하는 보편적인 요인인 텔레의 병리적인 부분에 불과하다는 것이 분명해진다.

주체가 극 제작에 참여하고 자신의 사적 세계의 인물에 웜업되면서, 그는 미처 경험하지 못했던 큰 만족감을 경험하게 된다. 그는 아버지, 어머니, 아내, 자녀에 대한 지각된 이미지와 온갖 종류의 망상과 환상 같은 자기 안에서 낯선 존재로 살고 있는 이미지들에 자신의 제한된 에너지 가운데 너무 많은 양을 쏟느라 많은 자발성을 희생해야 했다. 그리고 자신을 위해서 생산적인 힘을 발휘하지를 못했다. 그것들은 그의 풍요로움을 앗아갔고 그를 가난하고 약하고 병들게 했다. 사이코드라마는 외부로부터의 도전에 쏟았던 모든 투자를 거둬들여 자신에게 쏟도록 만든다. 그는 아버지, 어머니, 연인, 망상과 환각에 대한 책임을 인식하고 그들에게 쏟았던 에너지를 거둬들인다. 그들은 아버지, 고용주, 친구, 적의 역할을 통해서 실감나는 생명을 얻게 된다. 그는 그들과 역할을 바꿔 해 봄으로써 전에는 삶이 그에게 주지 못했던 그들에 관한 새로운 많은 것을 배우게 된다. 그가 역할로서 환각

속의 인물을 경험하게 되면, 그들은 그에 대한 힘과 마력을 더 이상 발휘하지 못하게 되며, 그는 자신을 위해서 그들의 힘을 이용할 수 있게 된다. 그의 자기는 자신을 발견하고 재조직하고 은밀한 세력에 의해서 분해되었던 요소들을 한데 모아 통합해, 활력과 안도감을 경험할 수 있는 '통합의 카타르시스(정화적인 카타르시스와는 다른)' 에 이르는 기회를 갖게 된다. 이는 사이코드라마가 주체에게 현실에 대한 새롭고 보다 확장된 '잉여현실' 을 경험하게 해 주는 것으로, 주체가 사이코드라마 제작에 참여하면서 기울였던 희생을 적어도 일부라도 보상해 주는 소득을 얻게 되는 것이라고도 말할 수 있다.

사이코드라마의 다음 단계는 관객 극이 진행될 때 시작된다. 디렉터는 첫 단계가 끝날 무렵에 장면에서 사라졌다. 이제 연출 자체는 사라진다. 이와 함께 주인공에게 새로운 힘과 명료함을 갖게 하는 데 많은 도움을 주었던 보조자아, 선의의 도우미도 사라진다. 이제 주인공의 반응은 둘로 나뉜다. 한편으로는 모든 것이 끝난 것에 대한 아쉬움이 남아 있고, 다른 한편으로는 뭔가 완전히 알기는 힘들지만 속은 듯하고 희생을 한 듯해서 화가 나는 느낌이 있다. 주인공은 갑작스럽게 극적으로 관객의 존재를 자각하게 된다. 처음 시작할 때는 관객의 존재가 성가시거나 반갑게 여겨졌다. 웜업을 하면서 관객의 존재를 잊을 수 있었다. 하지만 지금은 관객

한 사람 한 사람, 낯선 사람, 친구를 다시 보고 있다. 그리하여 수치심과 죄책감이 정점에 달하게 된다. 하지만 주인공이 극에서 워밍업을 했듯이, 이번에는 관객이 그의 앞에서 워밍업을 하고 있다. 주인공의 작업이 끝날 무렵에 관객의 작업이 시작된다. 텔레-공감-전이 콤플렉스는 힘의 세 번째 재배열을 겪게 된다. 무대에서 관객으로 이동하며, 오디오자아(audio-egos) 간에 강한 관계를 촉발시킨다. 집단에서 처음 보는 사람이 일어나 그들이 극 전개 동안 배웠던 것에 대한 느낌을 얘기한다. 여기서 주체는 새로운 카타르시스 경험, 즉 집단 카타르시스를 경험하게 된다. 그가 주었던 사랑을 지금은 사람들이 되돌려 주고 있다(요즘은 이 단계를 '나누기(Sharing)' 라고 일컫는다.). 지금 그의 심리가 어떻든 간에 그것은 집단에 의해 최초로 형성되었다. 사이코드라마에 의해서 그것이 집단으로 되돌려지고 있다. 그리고 주체가 그의 경험을 관객과 나누었듯이, 지금은 관객 역시 그들의 경험을 주체와 나누고 있다.

이해를 돕기 위해서 디렉터와 자아가 웜업 회기에서 하는 역할을 짧게라도 논의하는 것이 필요하겠다. 사이코드라마의 이론적인 원칙은 디렉터가 행위를 통해 주체의 자발성 수준에 직접적으로 영향을 미친다는 것이다. 주체의 자발적인 모습이 무의식적인 것이라도 상관없다. 주체는 혼란스럽고 파편화되어 있더라도, 자발적인 에너지가 흐르고 있는 대상과 인물의 영역 속으로 실제로 들어간다. 디렉터는 분석가처럼 주인공을 관찰하면서 상징적인 행동을 이해 가능하고 과학적인 언어로 번역하는 데 그치지 않는다. 그는 참여적인 행위자로서 가능한 한 많은 가설적 통찰로 무장하고서 주체의 자발적인 활동 속으로 들어가, 자발적인 언어와 몸짓으로 주체가 만들어 낸 말과 행위를 들려준다. 흔히 오해하고 있는데, 사이코드라마는 연극적인 세팅을 요구하지 않는다. 주인공이 있는 곳이면 어디나 무대가 될 수 있다.

사이코드라마 이론에 따르면 마음의 상당 부분은 언어에 의해 지배되지 않으며 보통의 의미 있는 언어적 상징에 의해서는 접근이 어렵다. 그러므로 할 수만 있다면 주체와의 신체적 접촉, 포옹, 악수, 침묵의 공유, 음식 먹기, 걷기 등의 활동은 사이코드라마 작업 자체를 위해서 중요한 준비가 된다. 신체 접촉, 신체 치료 및 훈련은 사이코드라마 장면에서 계속해서 이용되고 있다. 극연출 기법의 정교한 체계는 디렉터와 그의 보조자아가 주체의 세계로 이입되어 주체에게 매우 친숙한 인물과 함께 있어 주는 것에 의해서 발전해 왔다. 이런 인물들은 망상이 만들어 낸 인물이 아니고, 반은 상상이고 반은 현실인 인물들이다. 좋든 나쁘든 이 인물들은 주체에게 충격과 고통을 주기도 하고 주체를 놀라게도 하며 직면시키기도 한다. 주체는 거의 현실 같은 세계에서 자신이 덫에 걸려 있는 듯한 경험을 한다. 그는 자신이 행동하고 듣고 말하는 것을 본다. 하지만 그의 행동, 생각, 감정, 지각은 그에게서 나오는 것이 아니고 충분히 낯선 타인들, 즉 사이코드라마티스트, 보조자아, 이중자아, 자기 마음의 거울 등에서 나오는 것이다.

세 가지 사이코드라마 사례

청소년

이 사이코드라마는 1939년에 모레노가 뉴욕 비콘에 있는 극장에서 연출한 것이다. 극의 참가자는 빌(청소년), 그의 부모, 사회사업가, 관객 중에서 나온 보조자아 등이었다 (Moreno & Moreno, 1969: 39, 46-49, 52-58). 극이 시작되기 전에 사회사업가가 무대로 나와 관객에게 빌이 가진 문제에 대한 배경 설명을 했다. 빌은 14세 반이다. 그는 4주간 소년원을 다녀왔다. 그의 아버지는 독립심이 강한 내과의사였으며 꽤 부유한 편이었다. 빌의 문제는 2년 전 동생이 태어나면서부터 시작되었다. 그때 이후 그는 무단결석과 가출을 반복했다. 소년원에서 그는 자위를 지나치게 한다는 얘기를 들었으며 그 모습을 여사감과 다른 소년에게 보이곤 했다.

이어서 모레노는 사이코드라마 무대의 중간층에서 빌과 함께 앉아 그를 면담했다. 모레노는 빌에게 그가 왜 학교를 빼먹는지 물었다. 빌은 그가 사관학교를 무단이탈했을 때 판사가 그를 소년원으로 보냈던 이후의 일을 재현하도록 부탁받았다. 첫 장면에서 빌은 자신을 연기했고 보조자아는 판사를 연기했다. 장면을 재현하기에 앞서 모레노는 그들이 무대 뒤로 가서 준비하도록 하였다. 판사의 방을 연출하기 위해서 의자와 탁자를 배열하였으며, 이어서 그들이 무대에 다시 나타났다.

요즘 사이코드라마에서는 행위자가 무대에 그대로 있다. '장면 세팅' 은 디렉터의 질문에 대한 반응으로 주인공이 한다. 때로는 주인공이 무대 세팅의 대상과 역할을 바꾸기도 하고, 웜업하여 디렉터와 관객에게 상황의 분위기를 전달하거나 배경 정보를 전달하기도 한다. 보조자는 주인공과 '역할바꾸기' 를 통해서 주요 대목에서 자신의 역할을 맡는다.

빌의 사례에서 짧은 장면이 시작되기 전에 보조자는 빌의 조언을 들어가며 판사의 행동을 자극하기 위한 몇몇 시도를 했다. 이 과정에서 빌은 역할에서 벗어난 언급을 계속했다.

판사: 나는 너를 사관학교로 다시 돌려보내지 않을 거다. 나는 너를 소년원으로 보낼 거야. 우리는 네가 거기서 잘 지내는지 지켜보고 나서 너를 다시 사관학교로 돌려보낼지 결정할 계획이다. 이에 대해서 할 말이 있니?

빌 : 존경하는 판사님, 제가 한 행동에 대해서 뉘우치고 있습니다.

판사: 달리 더 할 말은?

빌 : 없습니다.

판사: 근데 너는 왜 무단이탈을 했지? 왜 그렇게 말썽을 부리는 거니?

빌 : (역할에서 벗어나) 판사는 그렇게 말하지 않았어요. 저는 판사에게 이렇게 말했어요. (역할로 다시 돌아와) 날 집으로 보내 주세요. 나는 거기서 학교에 다니고 싶습니다.

판사: 집에서 학교에 다니고 싶단 말이지?

빌 : 예, 저는 사관학교가 싫습니다.

판사: 그렇다면 애초에 사관학교는 왜 갔니?

빌 : 저는 그곳이 어떤 곳인지 알고 싶었을 뿐입니다.

판사: (책상 위 서류를 보며) 공립 및 사립 학교와 사관학교에서의 이전 기록을 보면 너는 무단결석을 자주 했고 사관학교에서는 군복을 훔치기도 했는데, 이게 사실이니?

빌 : (역할에서 벗어나 풀이 죽은 모습으로) 예, 그게 저를 소년원으로 보낸 이유입니다.

판사: 자, 나는 네가 소년원에서 무단이탈을 하지 않고 잘 지내겠다는 약속을 했으면 한다.

빌 : 그러겠습니다. 존경하는 판사님.

판사: 좋아. (장면 종료)

다음으로 모레노는 빌에게 판사와 역할을 바꾸도록 했다. 빌은 판사의 의자에 앉아 그 장면을 재현하였다. 모레노는 계속해서 빌과 면담을 하면서 판사에 대한 그의 감정, 여자 친구와의 관계, 사관학교에서 힘들었던 것에 초점을 맞추었다. 모레노는 빌의 어머니와의 만남에 대해서 사회복지사에게 물었다. 빌은 집에 돌아왔을 때 사회복지사를 보았다. 모레노는 빌과 사회복지사에게 그때 무슨 일이 일어났는지 알고 싶다고 말했다. 그래서 빌, 사회복지사, 빌의 어머니 역할을 하는 보조자가 준비를 위해서 무대 뒤로 갔다. 그들은 두 개의 짧은 장면을 시연했다. 첫 장면에서 빌은 거의 아버지 역할만을 했다. 장면의 배경은 아버지의 지하 사무실이다. 아버지 역할에서 빌은 그의 아내 역할을 하는 보조자에게 화를 내며 말했다.

아버지: 스텔라, 제발 울지 좀 마. 정말 미치겠어. 나도 일 좀 하자구.

어머니: 빌만 생각하면 어떻게 해야 할지 모르겠어요. (흐느끼며) 당신은 신경도 쓰지 않고, 당신은 인정머리라고는 찾아보기 힘들어요. 우리 어머니는…… (다시 흐느낀다.)

아버지: 당신 어머니……, 당신은 왜 툭하면 그녀 얘기를 하지? 그게 이 일과 무슨 상관이 있다고…… (문을 쾅 닫고 나간다.) (장면 종료)

빌은 다음 장면이 사회복지사, 어머니, 자신이 만나는 것이라고 설명했다. 이 장면은 사회복지사와 어머니(보조자) 사이의 8개의 교류와 빌의 감탄사 하나로 구성되어 있다.

모레노는 계속해서 빌이 아버지 지갑에서 돈을 가져간 것에 대해서 면담했다. 그는 자신이 지폐 몇 장을 가져갔다는 것을 시인했다. 하지만 곧 다시 갖다 넣어 둘 생각이었다고 주장했다. 빌은 자신이 일도 하고 있으며 어려서부터 갖고 있는 은행 통장도 있다고 말했다. 빌은 자신이 공상소설, 고대 역사, 기적 등에 관심이 많다고 말했다. 어젯밤에 그는 기적에 관한 꿈을 꾸었는데 모레노는 그것을 한 번 시연해 보라고 제안했다.

빌은 자기 침실을 묘사하며 무대를 이리저리 거닐면서 다음 장면을 위해서 웜업했다. 그는 갑자기 꿈에서 깨어서 주변을 둘러보았다고 했다. 이 시점에서 모레노는 빌의 이중자아 역할(빌 II)을 보조자가 하도록 하였다.

모레노: 자, 여기 이중자아인 또 다른 빌이 있어. 바로 너 자신이야. 너가 하는 것과 정확히 똑같이 행동할 거야. 그는 너 옆에 누워 있다가 갑자기 꿈에서 깨어나.

빌 I : 너 누구니?

빌 II : 나도 빌이야.

빌 I : 나는 이상한 꿈을 꾸었어.

빌 II : 나도 그랬어. 정말 이상한 꿈이야.

빌 I : 이런 꿈이었어. (일어나며)

빌 II : 나는 침대에서 일어났어. (일어나 둘은 같은 행동을 한다. 빌 II는 빌 I의 움직임을 그대로 따라 한다.)

빌 I : 나는 너가 벌거벗고 있는 것을 알아.

빌 II : 너도 벌거벗고 있어. 몰랐니?

빌 I : 나는 알몸으로 자는 것을 좋아해.

빌 II : 우리 아버지도 그런데.

빌 I : 나는 잠옷을 입는 것은 싫지만 속옷은 입어. 나는 속옷 차림으로 이리저리 걸어다니곤 했어.

빌은 알몸으로 자는 것, 가정부 때문에 침대에서 나오지 못하고 알몸으로 한동안 있었던 일, 과일을 가져온 일, 돈을 훔친 일, 어머니가 소녀였으면 하고 바랐던 일, 그가 사랑했던 할머니의 죽음, 자신이 여자로 변할까 봐 두려워했던 일 등에 대해서 계속해서 이중자아와 얘기를 나눴다. 장면이 끝나갈 무렵, 빌은 "내가 온갖 것을 다 생각하며 살고 있네요."라고 모레노에게 말했다.

모레노는 면담 형식을 바꾸어서 빌이 소녀로 변해 버리지 않을까 하는 걱정과 과학자나 의사가 되고 싶어 하는 그의 바람에 대해서 주로 물었다. 모레노는 빌에게 다음과 같이 말했다. "너가 과학자나 의사가 되면 아무도 너를 소녀로 바

꿀 수 없겠네?" 빌이 대답했다. "맞아요, 그게 바로 제가 의사가 되고 싶은 이유예요." 함께한 회기가 끝날 무렵, 모레노는 빌에게 이렇게 말했다. "잘했어, 빌. 수고했어. 좋은 시간이었어. 이제 시간이 다 돼서 마무리를 해야 할 거 같아."

빌은 매주 한 번씩 12번 계속해서 회기를 가졌다. 치료가 끝날 즈음에 빌은 사관학교로 다시 돌아갔다. 나중에 빌은 대학에 입학하고 명예롭게 미군으로 복무도 했으며, 의사가 되기 위한 준비를 지속적으로 해 나갔다.

모레노는 전략적인 중요성 때문에 첫 회기가 가장 다루기 어렵다고 강조했다. 디렉터가 사소한 전술적인 실수를 하면, 자칫 전체 치료 프로그램이 난관에 봉착할 수도 있다. 소개한 회기는 시작하는 면담이 너무 길었는데, 이런 경우는 대개 치료자에 대한 주인공의 의심과 불신이 주원인이다.

디렉터는 두 가지 목적을 가지고 있다. 하나는 내담자를 편하게 해 주는 것이고, 다른 하나는 행위가 시작될 수 있는 문제와 상황을 찾아내는 것이다. 이는 '행위 가능한 아이디어'의 탐색이다. 여기서 소개한 사례의 경우는 시작하는 면담에서 자연스럽게 판사와 사회복지사에 대한 처음 두 장면으로 이어졌다. 하지만 세 번째 장면은 빌이 전날 꾼 꿈에서 갑작스럽게 단서를 잡아 전개되었다. 디렉터는 인내심을 갖고 기다려 보다 심층적인 단서를 찾아야 한다. 디렉터는 학습을 통해서 그런 단서에 민감할 수 있도록 준비되어 있어야 한다. 진단과 치료는 병행될 필요가 있다. 진단적 단서가 어느 순간 확연히 드러나면 즉각 치료적으로 이용될 수 있다.

결혼에 대한 사이코드라마

여기서 소개하는 내용도 1939년 뉴욕의 비콘 극장에서 시연된 것이다(Moreno & Moreno, 1969: 84-104). 인근 대학에서 온 부부 프랭크와 앤은 사이코드라마에 대한 관심이 높았다. 모레노는 극의 의미를 가장 잘 이해하는 방법은 직접 참여해 보는 것이라는 말로 회기를 시작하였다. 모레노는 프랭크에게 그가 무대에서 시연해 보고 싶은 문제가 있는지 물었다.

프랭크: (잠시 머뭇거리다가 무대로 올라온다.) 예. 나는 결혼과 관련된 문제가 있습니다. 우리는 행복한 결혼을 했습니다. 내 아내와 나는 같은 목표를 가지고 일을 하고 있습니다. 나는 내가 원하는 것을 이루었습니다. 하지만 보스턴에서 공부하는 동안, 나는 젊은 여인과 사랑에 빠졌습니다. 그녀는 다음 주에 뉴욕에 옵니다. 그녀가 오면 내가 어떻게 하는 게 좋을지 알고 싶습니다.

모레노: 지금 아내가 이곳에 있나요?

프랭크: 예. 저기 앉아 있습니다. (아내를 가리킨다. 그녀는 무대

로 올라오도록 요청받는다. 그녀는 갑작스러운 일에 많이 놀란 표정이다. 이 커플을 극장에 데려온 여성도 갑작스러운 상황에 놀라고 있다.)

모레노: 아내는 그녀와 당신의 관계를 알고 있습니까?

프랭크: 그녀는 모든 것을 알지는 못합니다. 하지만 그녀는 이해심이 많습니다. 그래서 다음 주에 있을 일에 대해서 말할 수 있었습니다.

모레노는 프랭크와 앤에게 현재 그들의 관계를 나타낼 수 있는 장면을 시연해 보도록 권했다. 그들은 지난주 집에서 있었던 일을 시연하기로 결정했다. 모레노는 평소처럼 말하라고 하면서 생각하는 것을 말할 때는 독백의 행태로 부언하라고 했다. 처음에는 그들이 사이코드라마에 대한 경험이 전혀 없었기 때문에 보고하듯이 말했다. 모레노는 보고하듯이 이야기하지 말고 실제 일어나고 있는 일을 재현하듯이 해 보라고 했다. 그들은 다시 시작했다.

프랭크: 당신은 지금 어떤 생각을 하고 있어요?

앤　: 오늘이 무슨 날인지 알아요?

프랭크: 물론 알지. 오늘은 우리의 여섯 번째 결혼기념일이지. (잠시 쉬었다가 목전의 일을 얘기하기 시작한다.) 내가 조금 전에 얘기한 다음 주에 있을 일에 대해서 당신

이 어떻게 느끼는지 알고 싶은데…….

앤 : 얘기하기가 어려워요. 당신은 내가 당신을 이해할 수 있다고 믿는 거 같아요. (그녀는 울먹이며 목이 잠긴다.)

프랭크: 그렇소. 그 문제에 대해서 얘기하기 싫어요?

앤 : (자신을 추스르기 위해 노력하며) 더는 못 참겠어요. 더 이상 오해받고 싶지 않아요.

프랭크: 우리 사이에 문제가 뭐라고 생각해요?

프랭크와 앤은 누가 의존적이고 누가 독립적인지 계속 얘기를 했다. 프랭크는 미래의 족쇄가 된다는 이유로 아이를 갖고 싶어 하지 않았다. 하지만 앤은 아이를 원했다. 이어서 프랭크의 다른 연인인 엘렌에 대한 그의 감정을 얘기했다.

앤은 객석으로 다시 돌아갔다. 모레노는 프랭크에게 엘렌 역할을 할 보조자를 한 명 찾도록 했다. 프랭크와 함께 엘렌 역을 할 여자 보조자는 무대 뒤로 가 2분간 장면 재현을 위한 웜업을 했다. 모레노는 프랭크와 엘렌이 이전에 3일간 머물렀던 호텔에서 함께 아침을 먹고 있는 장면을 정해 주었다. 이어서 그들은 앤과 얘기를 나누었고 그녀의 반응이 논의되었다. 이 장면은 17분간 계속되었다고 기록에 남아 있다.

프랭크와 보조자가 자리에 앉았고, 모레노는 앤과 프랭크와 함께 그들이 6년간 결혼생활을 하고 있지만 아직 아이가 없다는 사실에 대해서 얘기를 나누었다. 모레노는 프랭크에게 그의 세 여동생과 결혼 초기 시절에 대해서 물었다. 그리고 앤에게 그녀의 직계가족에 대해서도 물어보았다. 이 대화는 기록에서 3페이지를 넘어 계속되고 있다. 회기가 끝날 즈음, 모레노는 무대 위에서 프랭크가 보인 모습을 통해서 그가 일을 만들어 키우기만 하지 매듭짓지는 못하는 사람이라는 생각을 갖게 되었다. 프랭크는 여자들이 자신을 위해서 결정해 주기를 바라는 듯했다. 즉, 그의 아내가 그의 일을 더 이상 참을 수 없다고 말하든가, 아니면 엘렌이 그들의 불륜이 일시적인 것이었으며 프랭크가 아내에게로 다시 돌아갔으면 좋겠다고 말해 주었으면 하는 모습이었다. 모레노는 다음의 말로 회기를 마무리했다. “일을 만들어 상황을 어렵게 해 놓고는 뒷수습을 못하는 사람들이 흔히 있습니다. 사이코드라마가 이런 분들이 결정을 하도록 도울 수 있을 것으로 생각됩니다.”

두 번째 회기에는 프랭크와 앤 그리고 두 보조자가 참여했다. 프랭크와 앤은 프랭크가 엘렌과 주말을 함께 보내기 며칠 전 침실에서 있었던 일을 장면으로 시연했다. 프랭크는 결심을 했고 엘렌에게 그녀와의 관계를 단념하지 않겠다는 편지를 보냈다고 말했다. 프랭크는 또한 앤과는 이혼을 하고 싶다고 말했다. 그러나 앤은 그와의 관계를 계속 유지하고 싶어 했다. 이 장면은 11분간 계속되었다.

다음 장면에서 여자 보조자가 엘렌 역을 맡았다. 그들은 엘렌이 주말에 뉴욕에서 왔을 때 프랭크와 가졌던 만남을 시연했다. 위치를 이동해 가며 기차역, 호텔, 레스토랑에서의 일을 시연했다. 총 장면은 10분이 걸렸다.

모레노는 프랭크에게 그가 엘렌이 집으로 돌아가기 바로 직전의 장면을 시연하고 싶어 하는 것 같다고 말했다. 프랭크는 보조자가 엘렌과 너무 달라서 어려움이 있다고 불만스러워했다. 모레노는 그가 다른 사람과 같이 시연하고 싶은지 물었다.

앤 : (자발적으로) 제가 해도 될까요?

프랭크: (놀라며) 맙소사, 안 됩니다.

모레노는 프랭크와 보조자가 무대 뒤로 가서 웜업을 하도록 했다. 5분간 지속된 장면은 프랭크가 엘렌에게 모레노와 가졌던 사이코드라마에 대해서 말하는 것이 주가 되었다. 이어서 모레노는 엘렌과 그의 관계에 관해서 긴 면담을 했다. 간간이 앤이 대화에 참여했다. 프랭크와 앤이 극장을 나간 후에 모레노는 보조자아들에게 몇 가지 언급했다. "개인적인 편견을 갖거나 누구 편을 들지 않도록 경계해야 합니다. 프랭크가 누구를 선택하든, 보조자아 여러분은 남은 여성이 이별을 잘 극복하도록 도와야 합니다."

세 번째 회기의 기록도 보관되어 있다(1969: 104-132). 이 회기에는 프랭크와 엘렌이 참여했으며, 그들은 처음 만났을 때부터 시작해서 몇 가지 장면을 시연했다. 모레노는 이 회기를 다음과 같은 말로 마무리했다. "사랑과 결혼이라는 테스트에서 중요한 것은 한 팀으로서 보여 주는 생산성입니다. 프랭크와 엘렌 팀이 프랭크와 앤 팀보다 더 생산적인지 다음 회기에서 한 번 살펴보도록 하지요." 아쉽게도 이후 회기에 대한 기록은 남아 있지 않다.

꿈에 대한 사이코드라마

프로이트의 작업과는 달리, 모레노는 사이코드라마가 꿈을 분석하고 해석하기보다는 꿈을 시연하는 기법의 한 예를 보여 준다고 언급하였다(1951a; Fox, 1987: 185-199).

마틴이라는 환자는 1946년 여름 동안 한 주에 한 번 그의 아내와 함께 치료를 위해서 비콘에 왔다. 두 번째 치료 회기를 마치고 이틀 후에 그는 꿈을 꾸었는데, 그 꿈에 대한 사이코드라마 내용이 녹음된 기록으로 남아 있다. 우리는 거기서 꿈에 나온 인물들 간의 행위와 상호작용을 살펴볼 수 있었다. 보조자아 역을 맡은 숙련된 전문가와 요양원에서 온 6명의 환자가 그 치료 회기에 함께하였다. 극이 끝난 후에 환자들은 자신을 극 내용과 관련 지어 생각해 보고 자신들의 꿈을 기술해 보도록 했다.

회기를 시작할 때 모레노와 마틴은 사이코드라마 무대의

중간층인 면담 층에 앉아 있었다. 극이 시작될 때 모레노는 마틴의 손을 붙잡고 그를 무대의 맨 위층으로 안내했다. 거기서 마틴은 모레노의 질문에 대답하는 형식으로 무대를 꿈에서 보았던 의붓아버지 집의 한 방처럼 세팅했다. 모레노는 무대 조명을 부드러운 파란색 빛으로 바꾸었다. 마틴은 침대 대용으로 몇 개의 의자를 붙여 그 위에 누웠다. 모레노는 그에게 서서히 잠에 빠져들도록 지시했다. 모레노는 자기 손으로 마틴의 눈을 덮고 부드럽게 그의 머리카락을 쓰다듬었다.

모레노: 꿈이 떠오릅니까?

마 틴: 예.

모레노: 연속적인 꿈인가요? (마틴은 머리를 끄덕인다.)

모레노: 자, 집중해서 그것을 가능한 데까지 머릿속에 그려 보세요. 하지만 아직은 그것에 대해서 어떤 언급도 하지 마세요. 꿈에 집중하세요. 잘하고 계십니다. 꿈이 머릿속에서 연속적인 장면으로 떠오르지요. 그냥 그대로 놔두세요. 자, 잘하고 계시지요? (모레노의 목소리는 암시적이고 평소보다 더 다정하고 부드럽다.)

마 틴: 예. 노력하고 있습니다. (점점 더 편안해 보이기 시작한다.)

모레노: 꿈속에 사람들이 보입니까? 주변 환경도 눈에 들어

오나요? (계속해서 마틴의 머리, 머리카락, 이마를 쓰다듬으며 그가 이완하도록 돕는다.)

마틴은 그의 꿈에 대해서 하나하나 열거하기 시작했다. 그는 식당 방에 서 있다. 모레노는 그에게 일어서라고 했다. 그는 부엌 문 근처에 있다. 모레노는 그에게 문 쪽으로 이동하라고 했다. "무엇이 보입니까?" "여자들이 있습니다." 모레노는 보조자들을 무대로 불러 그 여자들의 역할을 하게 했다. 여자들은 가족들, 친구들 그리고 그의 아내였다.

모레노: (마틴에게 보조자아와 관객을 소개한다.) 자, 보세요, 마틴. 꿈속의 인물들이 무대 위에 밀랍인형처럼 있습니다. 그들을 나타내는 보조자아들은 움직이고 행동하고 말할 수 있습니다. 단, 꿈을 꾼 사람인 당신이 그들에게 지시를 해야만 움직일 수 있습니다. 그들은 스스로 생명을 가질 수 없습니다. 따라서 당신이 그들이 뭘 할지를 알려 주어야 합니다. 그들은 무엇에 대해서 얘기하고 있습니까?

여자들은 그의 아내가 의사를 찾아가는 것에 대해서 얘기를 하고 있다. 마틴이 자신이 언급했던 여자들을 알아보자. 모레노는 즉시 보조자에게 그 대목을 반복하도록 지시하면서 마틴과 즉흥적으로 상호작용하도록 했다. 마틴은 그녀들에게 화가 났다.

마　틴: 그들은 갑자기 나를 거절했습니다. 나를 방 밖으로 쫓아냈습니다.

모레노: 그를 방 밖으로 쫓아내세요. (다섯 명의 여자는 그를 무대 밖으로 몰아낸다. 마틴은 저항한다.)

꿈 시연은 마틴이 의사가 사용하는 도구가 있는 약국으로 가는 것으로 계속되었다. 그는 아내에게 전화를 한다. 그녀는 의사를 만나러 가기 전에 목욕을 하고 있다고 말한다. 이제 마틴은 식료품 가게로 간다. 모레노는 그의 감정을 물었다. 마틴은 자신이 뭔가를 잃어버릴 것 같은 느낌이라고 말했다. 그는 아내와 함께 의사를 방문하지 않았으면 한다. 하지만 그는 아내가 의사를 만날 준비로 목욕을 하고 있다는 것을 알고 있다. 마틴은 다음과 같은 말로 마무리했다. "나는 몹시 불쾌했습니다. 그냥 있기 힘듭니다. 누군가를 치기라도 할 것처럼 팔을 들었습니다. 거기서 꿈이 끝났습니다."

모레노는 무대 위로 걸어 올라가 마틴을 면담했다. 모레노는 마틴을 다시 침대로 돌아가게 하고 꿈에서 그를 깨웠다. 마틴은 실제로 했던 대로 꿈을 적어 놓고는 다시 침대로 돌아왔다. 그 후 마틴은 꿈을 꾸지 않고 다시 잠들었다고 했다.

모레노는 이완되도록 부드럽게 그를 만져 주면서 그에게 뭐가 보이는지를 물었다. 마틴은 그가 상자 여는 것을 계모가 돕고 있다고 말했다. 그 상자 속에는 너무 더러워 버리고 싶은 무릎덮개가 있었다. 하지만 아내는 그가 그것을 버리지 않았으면 한다. 보조자의 시연과 면담을 통해서 모레노는 마틴이 일련의 관련된 꿈 조각을 맞추어 나가도록 도왔다.

모레노는 마틴이 아내가 마치 성적인 만남을 준비하는 것처럼 의사를 만나기 전에 목욕하고 옷을 차려입는 것 때문에 괴로워하고 있는 것처럼 보인다고 했다. 회기가 끝날 때 마틴은 지금은 모레노가 그의 의사이기 때문에 그가 이번 회기에 아내를 데려오지 않았다는 사실을 떠올렸다. "지금은 상황이 뒤바뀐 거 같습니다. 지금은 아내가 내 의사를 보러 오고 싶어 합니다. 나는 그녀를 당신에게서 멀리 떼어 놓으려고 애쓰고 있습니다. 마치 그녀가 나를 자기의 의사에게서 떼어 놓고 싶어 했던 것처럼 말이지요. 이는 통쾌한 복수입니다." 모레노와 마틴 모두 미소 지으며 악수를 나누었다. 모레노는 꿈에 대한 다른 환자의 반응에 대해서 얘기하는 것으로 그 회기를 마쳤다.

소시오드라마

소시오드라마에 대한 모레노의 기술은 다음의 두 소시오

드라마 사례를 통해서 소개하겠다. 첫 번째 것은 흑인 가족이 백인 사회에 수용되는 문제를 다룬 것인데, 이는 이 소시오드라마가 시연되던 1945년 당시에는 미국 사회 어디에서나 만연된 사회 문제였다. 아이히만[역자 주] 재판의 재현은 그것이 시사적인 사건을 다루었다는 점에서 빈에서의 '자발적 참여극'과 뉴욕에서의 '살아 있는 신문'을 떠올리게 한다. 이 회기는 1961년에 실시되었다. 그것은 소시오드라마를 통해서 사회 전체에 카타르시스를 제공함으로써 사회정신병을 예방하고자 하는 모레노의 궁극적인 목적을 반영해 준다. 정신의학이 개인이 신경증을 치료하도록 돕는다면, 사회정신의학은 집단이 사회정신병을 치료하도록 돕는다.

사회정신의학

모레노는 사회정신의학의 목적을 다음과 같이 언급하였다(1953: 379).

> 사회원자 내의 불균형과 그것이 심리적 흐름과 연결망에 미치는 영향은 사회정신의학에 병리학적인 관점을 갖도록

역자 주 | 독일의 나치 친위대 장교. 제2차세계대전 중 독일 및 독일 점령하의 유럽 각지에 있는 유태인을 체포하고 그들의 강제 이주를 계획하고 지휘했으며, 독일의 항복 후 아르헨티나로 도망쳤다가 이스라엘로 압송되어 사형당했다.

하는 기초를 제공해 주었고 정신의학과 구별시켜 주었다. 신경증이나 정신병과 같은 정신의학적 개념을 사회원자적 과정에 그대로 적용하기는 어렵다. 개인이 모인 집단은 '사회신경증적(sociotic)' 이 될 수 있으며, 이런 상태를 만드는 증후군은 '사회정신병(sociosis)' 으로 불릴 수 있다.

사회정신의학이라는 과학의 탄생은 20세기 중반에 인류가 처한 중요한 역사적 상황과도 잘 맞아떨어진다. 이 새로운 과학의 목적은 인류, 집단, 집단 간 관계에 대한 진단과 치료 그리고 예방이다. 특히, 집단이 사회정신의학이나 정신의학의 도움 없이도 자유로움을 잘 실현할 수 있는 방법을 탐색하는 데 그 목적이 있다. 사회정신의학뿐만 아니라 모든 과학의 은밀한 목적은 인류가 자신의 목적을 실현하도록 돕는 데 있으며, 궁극적으로는 그런 과학이 불필요해서 없어지기를 바란다.

소시오드라마에 대한 정의

모레노는 다음과 같이 소시오드라마를 정의하고 있다(1953: 87-89).

소시오드라마는 집단 간 관계와 집단 이데올로기를 다루는 심층적인 행동방법이다. 소시오드라마를 이끄는 절차는 여러 면에서 사이코드라마의 절차와는 다르다. 사이코드라마 회기에서 디렉터와 스태프의 관심은 개인과 그의 사적인 문제에 모아진다. 그의 문제가 집단 앞에서 공개될 때, 관객은 자신의 처지와 주인공의 처지 사이의 유사성에 비례해서 사이코드라마 행위에 의해 영향을 받는다. 사이코드라마에서 이루어지는 소위 집단 접근조차도 심층적인 의미에서는 개인이 중심이 된다. 관객은 참여하는 모든 개인이 공통적으로 가지고 있는 정신적 증후군에 코드를 맞추도록 조직된다. 디렉터의 목적은 타인과 분리되어 있으면서 자기 영역 내에서 모든 개인과 접촉할 수 있는 것이다. 그는 동일 회기에서 다수의 개인과 적극적으로 접촉하기 위해서만 집단 접근을 사용한다. 사이코드라마의 집단 접근은 개별적인 개인들로 이루어진 집단에 초점을 둔다. 말하자면 어떤 의미에서는 집단 자체를 개별적인 것으로 본다. 신중하게 계획을 세워 관객을 조직하는 것이 꼭 필요한데, 그 이유는 개인이 같은 정신적 증후군으로 고통받고 있으며 같은 치료 상황을 공유할 수 있음을 나타내 주는 분명한 증거가 없기 때문이다.

소시오드라마의 진짜 주인공은 집단이다. 집단은 인원수에 제한을 받지 않는다. 그러므로 인류의 수만큼이나 사람이 많을 수도 있으며, 동일한 문화에 속해 있는 최소한의 사람만이 집단을 이룰 수도 있다. 소시오드라마는 관객에 의해 형성된 집단은 이미 사회문화적 역할에 의해 조직되어 있다는 암묵적인 가정에 기반을 두고 있다. 여기서 사회문화적 역할은 모든 문화 전령이 어느 정도 공유하고 있다. 따라서 집단이 어떤 개인으로 구성되어 있고 인원은 몇 명인지, 그리고 그 개인이 누구인지는 우연에 의해 결정된다. 소시오드라마에서의 집단은 사이코드라마에서의 개인에 해당되기 때문에 소시오드라마에서 무대에 올려져 문제를 끄집어내는 것은 전체로서의 집단이다. 따라서 소시오드라마가 효과적이기 위해서는 사적인 개인이 아닌 특정 문화 내에서 대표성이 있는 작업 도구, 즉 심층적인 행위방법을 개발하는 것이 필요한데 이것이 어려운 과제다. 소시오드라마의 카타르시스는 사이코드라마의 그것과는 다르다. 사이코드라마에서는 원칙적으로 개인의 문제를 다루고 개인적인 카타르시스를 목표로 한다. 이에 비해 소시오드라마에서는 사회 문제를 다루며 사회의 카타르시스를 목표로 한다.

이 접근의 기저에 있는 기본적인 개념 틀은 인간은 역할 수행자로 모든 개인은 그의 행동을 지배하는 일정 범위의 역할에 의해 특징지어지고, 모든 문화 또한 특정 역할 세트로 특징지어지며, 이에 따라 그 구성원의 성공 정도가 결정된다는 것이다.

문제는 문화적인 질서를 어떻게 극적인 방법으로 조사할 것이냐다. 관찰과 분석에 의해서 충분한 정보가 수집되더라도 관찰과 분석이 문화 간의 매우 복잡한 관계를 탐색하는 데 부적절한 도구임에는 분명하며, 따라서 심층적인 행위방법이 필수불가결하다. 게다가 심층적 행위방법은 논박의 여지가 없는 가치를 갖고 있으며 다른 것으로 대체할 수 없다. 소시오드라마 형식에서 이 방법은 두 개의 분리된 문화질서 간의 갈등에 대한 탐색과 치료를 한 번에 할 수 있으며, 동시에 같은 행위로 해당 문화에 속한 구성원뿐만 아니라 다른 문화에 속한 구성원의 태도 변화까지 이끌 수 있다. 또한 이 방법은 라디오와 텔레비전을 통해서 문화적인 갈등과 긴장이 팽배해 있거나 교전 중인 수백만의 지역 집단과 이웃에 영향을 미칠 수 있다. 극연구와 역할연구가 여론과 대중의 태도에 영향을 미쳐 변화시킬 수 있는 방법에 대한 단서를 제공해 줄 수 있지만, 그 잠재성은 여전히 제대로 인정을 못 받고 있는 실정이다.

두 가지 소시오드라마 사례

흑백 문제

이 소시오드라마는 이질적인 문화 간의 문제에 대한 워크숍의 한 부분으로 1945년 미국의 한 대학에서 실시된 것이다(1972: 367-383). 모레노는 강당에 들어서자마자 관객 중에 흑인 부부 한 쌍을 주목하였다. 그는 그들을 무대로 초대했다. 이 커플이 무대에 올라오자마자 질문에 대답이라도 하듯이 즉각적으로 말을 시작한 것으로 보아, 모레노가 미리 그들에게 지시해 놓았거나 이전에 소시오드라마 경험이 있는 커플일 가능성이 높다.

리처드: 나는 리처드입니다. 이쪽은 아내 마가렛입니다. 나는 40세이고 아내는 35세입니다.

모레노: 어디에 사십니까?

리처드: 나는 여러 곳에서 살았습니다. (무대 중앙을 가리키며) 여기가 제 집입니다.

모레노: 우리에게 당신 집을 좀 보여 줄 수 있을까요? 어디로 들어가지요?

리처드: 죄송합니다. 그럴 수 없습니다.

모레노: 왜 그렇죠?

리처드: 나는 백인을 내 집 안에 들이지 않습니다.

모레노는 면담을 계속했으며, 마가렛의 동의를 얻어서 겨우 그 집을 방문할 수 있었다. 모레노는 가구와 그들의 책에 대해서 이것저것 물어보았다. 마가렛은 간혹 그렇다고 대답했다. 모레노는 부부에게 그들이 재학 중인 대학에서 막 돌아온 장면을 재현해 볼 것을 제안했다. 모레노는 그 대학의 백인에 대해서도 말해 보기를 권했다.

리처드: 대학에서 만난 그 사람들에 대해 얘기하는 것은 상

당히 어려운 일입니다. 나는 당신이 그 문제를 꺼낼 거라 짐작했습니다.

리처드와 마가렛은 앉았다. 대학원생 기숙사에 관한 개방적인 대화가 있은 후, 리처드는 대학에서 만난 한 남자에 대해 얘기를 시작했다. 그 남자는 제2차세계대전 당시에 흑인 병사가 전투에서 잘 싸우지 못했다는 내용의 잡지 기사에 대해서 얘기했다. 백인인 그 남자의 설명은 그 이유가 흑인이 '원시인' 이기 때문이라는 거였다. 리처드와 마가렛은 흑인병사의 사기에 문제가 있었다고 지적하면서, 그 이유로 당시에 고위 장교는 모두 백인이었고 그들이 불친절했다는 점을 들었다.

이때 모레노가 참여시킨 백인 여성이 보조자로 등장했다.

화이트 부인 : (숨을 몰아쉬며) 실례합니다. 저는 화이트 부인입니다. 혹시 이리로 꼬마가 뛰어 들어오지 않았습니까? 정말 어떻게 이런 일이 있을 수 있는지. 내 아이가 방금 흑인 꼬마한테 맞았지 뭡니까. 꼬마를 보지 못했습니까?

마가렛 : 부인의 아이가 뛰어 들어왔다는 건가요? 누굴 찾고 계시지요?

화이트 부인 : 흑인 아이가 우리 아이를 때리고 달아났어요.

그 아이를 찾고 있습니다.

마가렛 : 아무도 이리로 오지 않았습니다.

화이트 부인은 자기 애를 때린 흑인 꼬마가 매우 난폭하며, 마가렛이 같은 흑인을 보호하기 위해서 자신을 돕고 싶어 하지 않는다고 주장했다. 그리고는 퇴장했다. 리처드와 마가렛이 대학에서 있었던 또 다른 일에 대해서 얘기를 나누고 있을 때 백인 여성이 다시 나타났다. 이번에는 서부에서 왔다고 자신을 소개하며, 흑인 문제에 대해 항상 관심을 갖고 지켜보고 있다고 말했다. 그녀는 리처드와 마가렛을 저녁 식사에 초대했다. 이 부부는 다른 손님들 때문에 자신들이 식사에 참석하기가 어렵다며 사양했다. 하지만 그 백인 여성이 계속 부탁해서 결국 식사 초대에 응하기로 했다. 모레노는 이 시점에서 개입했다.

모레노: 전에 이 같은 대우를 받은 적이 있으십니까? 아니면 이와 유사한 일이라도?

리처드: 선생님이 어떤 의도로 말씀하시는지 압니다. 이런 일은 매우 믿기 힘든 일이고 놀라운 일입니다.

모레노: 당신을 이처럼 호의적으로 대했던 백인을 만나 본 적이 결코 없었다는 말씀이신가요?

리처드: (흥분해서) 그렇습니다. 백인 여성이 우리 집으로 들

어오는 것 자체가 남부에서는 있을 수 없는 일입니다. 내가 했던 행동에는 충분한 이유가 있습니다.

면담이 계속 진행되었다. 리처드는 그의 반응이 남부냐 서부냐에 따라 달라질 거라고 설명했다. 모레노는 리처드가 이번 사이코드라마를 통해서 뭔가 배워 가는 것이 있는지 물었다. 그는 사이코드라마에 대한 거부감은 줄었다고 하면서도, "나는 이런 식으로 살고 있고, 상황은 달라지지 않을 겁니다."라고 말했다. 며칠 후면 모레노는 떠날 거고 자신은 여전히 같은 상황에서 생활할 거라고 했다. 모레노는 이 부부에게 그들의 생활방식, 즉 어디서 일하는지, 누구를 지지하는지, 읽은 책과 집 등에 관한 많은 질문을 했다. 모레노는 연출할 새로운 장면을 찾고 있었다. 그러다 미래의 한 장면을 찾았다.

모레노: 우리가 속한 세계는 변화하고 있습니다. 두 분은 젊습니다. 지금은 1945년입니다. 한번 1957년으로 가 봅시다. 1957년에 두 분은 어디에 살고 계십니까?

새로 이사 간 집에서 두 사람이 공부하고 있는 장면을 그려 본다. 이제 그들은 경제적으로 여유가 있다. 채용에서 인종 차별을 하는 것은 불법적인 일이 되었다. 많은 발전이 있었다. 마가렛에 의해 이 장면이 마무리되었다.

마가렛: 자러 가요. 나는 졸려요.

모레노는 리처드와 마가렛 부부의 협조에 감사하면서 관객과의 토의가 끝날 때까지 자리를 지켜주기를 부탁했다. 이어서 모레노는 관객에게 리처드와 마가렛 부부, 화이트 부인 그리고 그들의 태도와 얼마나 동일시했는지를 물었다. 모레노는 미국에는 많은 관객이 있으며 그들은 인종, 성별, 직업, 종교에 대한 다른 선호를 가지고 있다고 언급했다. 모레노는 몇 명의 관객에게는 동일시하게 된 이유를 물어보았다. 그리고 비슷한 배경이나 이유를 가진 사람들끼리 손을 잡게 하고 이것이 바로 사회적 연결망임을 확인시켜 주었다. 그러고 나서 그는 관객의 사회적 연결망 다이어그램을 그릴 수도 있다고 말했다.

모레노는 화이트 부인이 했던 것과는 다르게 행동할 수 있는 사람이 있는지 물었다. 세 명의 지원자 각각이 다른 새로운 역할을 보여 주었다. 리처드와 마가렛 부부와 다르게 행동한 사람이 있을까? 두 흑인 부부가 무대에 올라와서 다르게 행동하려고 시도해 보았으나, 그 결과는 놀랍게도 리처드와 마가렛 부부가 했던 것의 복사판이었다.

드라마 분석에서 모레노는 모든 사람은 어떤 정체성을 갖고 있는데 이것이 같은 범주에 속하는 모든 사람이 공통된 정체성을 공유하고 있다고 믿게 한다고 언급했다. 유사한 정체성을 갖고 있는 사람은 '내집단'을 형성하고, 그렇지 않은 사람은 '외집단'을 형성한다. 하지만 우리는 다른 사람이 동일시하고 있는 것을 동일시하는 것이 가능하다. 이는 마치 화이트 부인이 자기 아들이 흑인 아이를 단순히 놀이 친구로 대하는 것을 보고 배워서 자신도 흑인을 그처럼 대하려고 하는 것과 같다. 모레노는 개인의 비현실적인 감정을 타인에게 투사하는 주관적인 동일시가 흔히 있을 수 있다고 말한다. 프로이트에 따르면 동일시는 아버지, 권위자, 전능자와 같은 이미지를 낯선 사람에게 전이하기 때문에 일어난다. 객관적 동일시에서는 타인에 대한 이미지나 상황에 대한 경험이 비교적 정확하다. 모레노는 관객에게 흑인 가족과 친해지기 위해서는 그들을 이웃으로 받아들이고 지적으로 알아가야 할 뿐만 아니라, 사이코드라마 무대에서 함께 작업함으로써 서로를 알아가는 것도 필요하다고 강조했다(1972: 367-383).

유대주의와 아이히만 재판에 관한 사이코드라마와 소시오드라마

사이코드라마와 소시오드라마를 결합한 이 사례는 1961년 미국 사이코드라마와 집단심리치료 학회 연례 모임에서 시연된 것으로 모레노가 디렉터를 맡았다. 이 모임은 미국 정신의학회 모임이 있기 직전에 있었다. 그 당시 제2차세계대전 동안 죽음의 수용소에서 유태인 학살을 지휘했던 아이히만에 대한 재판이 열리고 있었다. 드라마에 보조자아로 참여했던 사람 중에는 그의 아내 제르카도 포함되어 있었으며, 나머지 참여자는 모두 모레노의 수련생들이었다. 모레노는 아이히만에 대한 모의재판 내용을 상세하게 기록에 남겨 놓지 않았다(1961). 재판장과 이스라엘 수상을 포함한 관료에게 보내는 비망록이 세 페이지 가량 남아 있는데, 이것은 이스라엘 국민, 전 세계에 살고 있는 동시대인 그리고 아돌프 아이히만에게 전달되었다.

서두에서 모레노는 다음과 같이 밝히고 있다. "이 사이코드라마는 법정과는 다르며 유대주의 틀 내에서 아이히만의 삶과 행동을 재현한 것이다. 이것은 연극이 아니고 실제 희생자들의 경험을 표현한 것이다." 그는 아이히만만이 재판에 참여하는 것이 아니고 대량학살로 인해 영향을 받은 모든 사람들, 즉 수용소 생존자, 직 · 간접으로 관련된 독일인, 심지어는 나치 체제에 반대한 사람, 멀리서 정서적으로 영향을 받은 사람 등이 모두 참여하는 것이라고 주장했다.

모레노는 아이히만의 실제 재판에 사이코드라마를 적용해 볼 것을 제안하기도 했다. 아이히만이 법정에서 사이코드라마 디렉터와 보조자아의 지시에 따라 자기 삶의 중요한 에피소드와 그의 망상과 환상을 시연해 볼 것을 제안한 것이다. 또 아이히만이 자신에 의해 희생된 유대인의 입장에서 역할을 해 볼 것을 권해 보고 싶어 했다.

이런 시연은 아이히만 자신에게뿐만 아니라 어떤 식으로든 관련된 모든 사람에게 카타르시스 과정을 경험하게 해 줄 것이다. 모레노는 많은 대중이 이런 경험을 함께 나누기 위해서 텔레비전과 영사기를 사용해 동시다발적인 사이코드라마 시연을 세계 곳곳에서 시도해 볼 것을 제안했다. 하지만 전체 드라마는 공식적인 법정 일정 끝에 두 시간 반씩 두 회기에 걸쳐서 모두 5시간이 안 되게 시연되었다. "전체 아이히만 재판의 진정한 절정은 유대주의에 대한 사이코드라마에서 이루어질 것이다."

모레노는 1965년 미국 사이코드라마와 집단심리치료 학회 연례 모임에서 관객들 앞에서 유사한 종류의 사이코/소시오드라마를 다시 연출하였다. 이 드라마는 존 F. 케네디의 암살범으로 붙잡힌 리 하비 오스왈드를 살해한 잭 루비의 재판을 시연한 것이다. 모레노는 루비 재판의 판사에게 루비가 사이코드라마 무대에서 자신을 연기할 수 있도록 해 줄 것을 부탁했으나 판사가 거절했다.

모레노는 자신이 제안한 드라마를 발표할 때 다음과 같이 언급했다. "사이코드라마식 재판은…… 일종의 과학적인 집단심리치료의 한 형태다. 이것은 집단 카타르시스와 역사

속에서 용해되지 않고 지속되고 있는 문제에 대해 더 좋은 이해를 제공해 줄 것이다."(Moreno, 1964a: 62) *Time*은 다음과 같이 전했다. "대부분의 정통적인 정신과의사는 사이코드라마에 대해 회의적이다. 하지만 극이 끝날 때는 400명 관객의 기분이 한결 좋아진 것을 경험했다. 마치 마음을 치료하는 의사가 마음의 고통을 덜어 준 것처럼."

사이코드라마 실시 규칙

『사이코드라마』 제3권에서 제르카 모레노는 사이코드라마 실시에 필요한 15개의 규칙을 제시하였다(Moreno, Z. T., 1965; Moreno & Moreno, 1969: 233-238에서 재인용). 각각의 규칙은 한 문장으로 기술되어 있으며, 규칙에 대한 제르카의 짧은 요약 설명이 뒤따른다. 서두에서 제르카는 능숙한 사이코드라마 전문가에 대한 요구가 점점 증가하고 있으며, 이로 인해 사이코드라마에 대한 기본적인 규칙을 마련할 필요성을 더 느꼈다고 밝히고 있다. 규칙은 개인치료에 초점을 둔 사이코드라마를 가정하고 기술되어 있으며, 환자와 디렉터 그리고 때때로 보조자아가 포함되기도 한다. 하지만 이러한 규칙은 사이코드라마가 집단치료의 한 방법으로 사용될 때도 적용될 수 있다. 집단에 있는 다른 환자들은 다른 이를 위한 보조자아 역할을 하며, 그 환자는 보조자아가 하는 기능을 통해 치료적인 도움을 받고 그 자리에서 학습한 것을 강화받는다.

1. 행위(action) "주인공(환자, 내담자)은 자신의 갈등을 말로 표현하지 않고 직접 행동으로 보여 주어야 한다." 이를 위해서 사이코드라마 무대가 사용되며, 이는 보다 집중적인 참여를 이끌어 낼 수 있다. 물론 경우에 따라서는 일상적인 공간이 사용될 수도 있다. 최소한 디렉터와 훈련된 보조자아가 각각 한 명씩 필요하다. 하지만 다른 사람이 없으면 디렉터가 보조자아 역할을 할 수도 있다.
2. 지금-여기(here and now) "주인공이나 환자는 '지금-여기' 에서 경험하고 있는 것처럼 행동해야 한다. 실제 사건이 과거에 이미 일어난 것이거나 현재 진행 중이거나 혹은 미래에 발생할 수도 있을 것이다. 아무래도 상관없다. 심지어는 공상을 통해 만들어진 거라도 상관없다." 모레노는 불과 5분 전에 일어났던 일조차도 동일한 배우와 함께 그 장면을 그대로 회상해서 재현한다는 것은 엄밀한 의미에서 거의 불가능하다는 것을 관찰을 통해 확인했다. 그에 따르면 과거 시제로 말하는 것은 주인공에게서 경험의 즉시성을 앗아간다. 그는 주인공에게 '그가 지금 그 일을 직접 경험하고 있는 것처

럼…… 처음 그 일을 경험하는 것처럼 행동하도록' 요구했다.

3. 주관성(subjectivity) "주인공은 '그의 진실'을 그가 느끼고 지각하는 대로 완전히 주관적인 양식으로(외부인이 보기에 아무리 왜곡이 있어 보이더라도) 행동화해야 한다." 환자가 보이는 모든 주관성은 그 자체로서 수용되고 존중되어야 한다. 그리고 재교육이나 행동 변화에 앞서 환자 스스로가 행동으로 보여 줄 수 있었다는 것 자체에서 만족감을 가질 수 있도록 도와야 한다.
4. 표현의 극대화(maximal expression) "환자는 언어적 및 행동적 모든 표현을 최대화하도록 격려되어야 한다." 망상, 환각, 독백, 생각, 공상, 투사 이 모든 것은 허용되어야 하고 생산적인 활동의 한 부분으로 고려되어야 한다. 자제는 표현이 있은 후에 고려될 사항이다.
5. 피상적인 수준에서 심층적인 수준으로의 이동(inward movement) "워밍업 과정은 주변부에서 시작해서 중심으로 진행된다." 디렉터는 가장 충격적인 사건부터 시작하기보다는 피상적인 수준에서 시작하여 환자가 핵심적인 수준으로 심층적으로 이행해 갈 수 있도록 허용해야 한다.
6. 환자의 선택(patient choice) "드라마에서 재현할 시대, 장소, 장면, 보조자아 등은 가능한 한 주인공이 선택하

도록 해야 한다." 디렉터는 드라마 속 주인공을 돕기 위해서 존재한다. 주인공과 디렉터의 상호작용이 부정적이고 주인공이 드라마 과정뿐만 아니라 디렉터에게도 저항을 보일 때, 디렉터가 할 수 있는 행동 목록을 모레노는 제시하고 있다. 그 행동에는 환자가 다른 디렉터를 선택하도록 부탁하는 것부터 다른 장면을 선택해 보도록 하는 것, 더 나아가서는 저항을 계속하는 것보다 더 도움이 되는 행동을 찾아보도록 강조하는 것에 이르기까지 다양하다.

7. 자제(restraint) "사이코드라마는 표현의 한 방법인 만큼 자제의 한 방법이기도 하다." 사이코드라마가 억압적인 일상생활과는 대조적으로 표현을 허용하지만, 그러면서도 흥분하도록 재훈련하거나 재조건 형성시킬 것을 요구하는 역할바꾸기나 역할시연에서는 주인공의 입장에서 자제하도록 요구한다.

8. 비표현성에 대한 수용(acceptance of inexpressiveness) "환자는 원하지 않으면 비자발적이거나 비표현적이 될 수 있도록 허용되어야 한다." 환자가 감정을 표현할 수 없는 것은 수용되어야 한다. 이때 방백이나 독백, 이중자아 사용, 다른 사람이나 대상과의 역할바꾸기가 직접적인 표현의 대안이 되기도 한다.

9. 해석(interpretation) "사이코드라마의 해석과 통찰주기

는 심리치료에서 사용하는 언어적인 형태와는 다르다." 주인공은 드라마에서 한 행위를 통해서 통찰에 이를 수 있다. 디렉터는 장면 구성에 대한 그의 해석에 따라 행동한다. 언어적 해석은 꼭 필요할 수도 있고 완전히 생략될 수도 있다.

10. 행위 우선(action is primary) "해석하더라도 먼저 행위가 있어야 한다. 앞서서 행위가 없었다면 해석은 있을 수 없다." 해석은 의문을 갖게 하거나 거부되거나, 아니면 전적으로 아무런 영향도 미치지 않을 수 있다. 행위는 그 자체가 말해 준다. 때로 해석은 파괴적일 수 있다. 환자가 필요로 하는 것은 분석이 아닌 정서적 동일시다.

11. 문화적 적응(cultural adaptations) "사이코드라마의 워밍업 과정은 문화에 따라 차이가 있을 수 있어서 적용할 때 문화에 맞게 적절하게 변화를 주어야 한다." 어떤 문화권에서는 노래와 춤으로 시작하는 것이 좋은 반면, 다른 문화권에서는 그것이 부적절할 수도 있다. "중요한 것은 어떻게 시작하느냐가 아니고 우리가 시작한다는 것이다."

12. 세 부분의 절차(three-part procedure) "사이코드라마는 세 부분(웜업, 행위하기, 행위 후 집단과 경험 나누기)으로 구성된다. 이 단계 중 어디에 문제가 있어도 전체 과정

에 영향을 미친다. 나누기는 언어적일 필요는 없으며 의미 있는 침묵이나 집단 구성원이 함께하는 활동을 통해서도 가능하다.

13. 주인공과의 동일시(identification with protagonist) "주인공이 집단 내에서 혼자만 이런 문제를 겪고 있다는 인상을 갖고 집단을 떠나게 해서는 절대 안 된다." 행위 후 단계에서 디렉터가 집단에서 주인공과의 동일시를 이끌어 낼 수 없다면, 디렉터 자신이 주인공에 대한 공감을 보여 주고 자신도 그와 유사한 문제를 갖고 있음을 드러낼 필요가 있다. 이는 관객이 자기 개방을 하도록 웜업시켜 줄 것이다.

14. 역할연기(role playing) "주인공은 그의 사회원자 내의 다른 사람을 경험하기 위해서, 그와 다른 사람의 관계 및 다른 사람 간의 관계를 경험하기 위해서 그가 의미 있는 관계를 맺고 있는 모든 사람의 역할을 맡을 수 있어야 한다." 환자는 관계에서 나타나는 왜곡과 불균형 현상을 극복하고 새로운 수준에서 관계를 통합하기 위해서 중요한 사람이나 대상이 되어 보는 것을 배워 나가야 한다. 역할바꾸기는 환자가 부정적인 영향을 주는 경험을 극복하고 보다 긍정적인 면에서 자발적이 되도록 도와준다.

15. 융통성(flexibility) "디렉터는 치료과정을 안내하고 최

종적으로 결실을 맺게 해 주는 사이코드라마 기법을 신뢰해야 한다." 디렉터의 웜업이 객관적이고 자발적이며 환자와 집단의 요구에 잘 부합된다면, 사이코드라마 기법은 환자가 겪고 있는 고통의 핵심에 체계적으로 접근하게 해 줄 것이다. 디렉터, 환자, 보조자, 집단 구성원은 정서적 학습을 극대화시켜 주는 응집된 힘을 경험하게 된다.

기 법

제르카 모레노는 사이코드라마 기법을 두 범주로 나누고 있다(Moreno & Moreno, 1969: 239-244). 첫 번째 범주는 사이코드라마 과정에 사용되는 것으로 아래에 열거하였다. 두 번째 범주는 사이코드라마의 특별한 형식을 구성하는 것으로 다음 절에 소개하였다. 첫 번째 범주에는 독백, 치료적 독백, 이중자아, 다중 이중자아, 거울자아, 역할바꾸기 등이 포함된다. Treadwell과 그의 동료(1990)는 이러한 기법들의 변형인 44개의 기법을 소개한 바 있다.

1. 독백(soliloquy) 관객과 대화를 하는 듯한 주인공의 1인극이다.
2. 치료적 독백(therapeutic soliloquy) 외현적인 생각과 행

동 이면에 숨겨져 있던 생각과 감정을 부가적인 행위나 생각으로 묘사하는 것이다.

3. 이중자아(double) 환자가 자신을 연기하는 동안 보조자아는 환자와 동일시하도록 요구된다. 그 다음 보조자아는 환자를 대신해서 환자가 하고 싶을 거라고 추측되는 말과 행동을 보여 준다. 그 과정에서 환자는 보조자아의 행동을 교정할 수 있다.
4. 다중 이중자아(multiple double) 환자는 자신의 일부를 보여 주는 다수의 이중자아와 함께 무대에 서 있다. 예를 들면, 과거, 현재, 미래를 연기하는 각각의 이중자아를 무대에 둘 수 있다.
5. 거울자아(mirror) 환자가 말과 행동으로 자신을 표현할 수 없을 때, 보조자아가 환자를 대신해서 무대에 서고 환자는 관객 입장에서 보조자아의 연기를 지켜본다. 보조자아는 다른 사람이 환자를 어떻게 경험할지를 마치 거울로 보여 주듯이 연기한다. 때로 보조자아는 환자를 각성시키기 위해서 과장된 행동을 보여 주기도 하는데, 환자는 그런 모습을 교정해 주기도 하면서 적극적으로 참여할 수 있다.
6. 역할바꾸기(role-reversal) 환자가 타인의 입장이 되어서 연기하는 것이다. 여기서 타인은 실재하는 타인일 수도 있고 그 타인의 일부를 연기한 보조자일 수도 있다. 그동

안 환자의 역할은 타인이 맡는다. 이를 통해서 대인지각 과정에서 일어난 왜곡이 표면화되고 수정될 수 있다.

사이코드라마의 특별한 형식

모레노가 사용했던 사이코드라마의 특별한 형식으로는 자기소개, 자기실현, 환각 사이코드라마, 미래 투사, 꿈 표현, 꿈 재훈련, 치료공동체 등을 들 수 있다. 이후에 차세대 사이코드라마 연출가에 의해 사이코드라마의 특별한 형식은 계속 추가되고 있다. 그 예로 마술상점(magic shop)을 들 수 있는데, 이는 주인공이 가게 안으로 들어가 필요 없는 것을 새 것으로 교환해서 나오는 것이다.

1. 자기소개(self-presentation) 주인공은 자신, 가족 구성원 및 중요한 타인을 소개한다. 이는 새로운 집단에 들어갔을 때 흔히 사용된다.
2. 자기실현(self-realization) 주인공은 보조자아의 도움을 받아서 자기 삶의 이상적인 계획을 시연해 본다. 그 계획이 현실과 얼마나 차이가 있느냐는 중요하지 않다. 다양한 대안이 검토될 수 있는데, 그중에는 새로운 모험의 성공, 가능한 실패, 과거 삶으로의 복귀 등이 포함될 수 있다.

3. 환각 사이코드라마(hallucinatory psychodrama) 환자는 자신이 현재 경험하고 있는 환각과 망상을 행동으로 보여 준다. 보조자는 환각 속의 목소리, 환영 또는 다른 현상이 되어서 그들과 상호작용하며 환자가 현실 검증을 하도록 돕는다.
4. 미래 투사(future projection) 환자는 미래에 일어날 법한 상황을 구체적인 장소와 인물을 포함시켜서 행동으로 그려 본다. 이는 구체적인 미래 사건에 초점을 둔 자기실현의 한 변형으로 볼 수 있다.
5. 꿈 표현(dream presentation) 환자는 꿈을 시연해 보인다. 웜업 후에 환자는 자는 것처럼 편안하게 누울 것이 요구된다. 꿈이 회상될 때, 환자는 보조자아의 도움을 받아 꿈을 시연해 보인다. 그 예를 이 장의 앞부분에서 소개한 바 있다.
6. 꿈 재훈련(retraining of the dream) 꿈을 시연한 후에 환자는 보조자아의 도움을 받아 꿈을 원하는 상황으로 변화시켜 시연해 본다. 꿈을 해석하는 것이 아니라 꿈꾼 사람을 재훈련시키는 것이다.
7. 치료공동체(therapeutic community) 모레노에 따르면, "이것은 개인이나 집단 간의 논쟁과 갈등이 법적인 규칙 대신 치료 규칙 밑에서 해결되는 공동체다. 환자든 운영진이든 모든 사람이 다른 사람의 안녕에 책임이 있

으며 치료과정에 참여하고 같은 위상을 갖는다." 치료 공동체는 분명 사이코드라마의 초점이 바뀐 것 이상의 다른 형태다. 비콘의 요양소에서 모레노는 이 공동체의 예를 잘 보여 주었다. 환자와 운영진이 같은 공간에 살면서 사이코드라마에 함께 참여하였다.

부수적인 방법들

사이코드라마에는 초점이나 치료 개입 형식이 다른 다양한 부수적인 방법이 있다. 모레노는 최면극, 사이코드라마 쇼크, 즉흥적인 성격평가, 교육적인 사이코드라마와 역할연기, LSD[역자 주 1] 등의 약물을 이용한 마취요법[역자 주 2]이 결합된 사이코드라마, 가족 사이코드라마와 가족치료 등을 소개한 바 있다.

1. **최면극** 최면 상태에서 이리저리 자유롭게 움직이며 보조자아의 도움을 받아 극을 만들어 간다. 모레노와 Enneis(1950)가 최면극의 기법을 소개한 바 있다.
2. **사이코드라마 쇼크** 환자는 스스로 환각 경험을 다시 하

역자 주 | [1] 환각제의 일종.
[2] 마약이나 수면제를 이용한 정신질환 치료법.

도록 주문받는다. 그가 무서워하고 저항하면, 디렉터는 그 목적이 단순히 환각을 재경험하기 위해서가 아니라 자기 통제력을 키우기 위해서라는 것을 설명해 준다. 이런 시연은 자원을 개발시켜 재발을 막는 데 도움이 된다.

3. 즉흥적인 성격평가　디렉터는 주인공이 보조자아의 도움을 받아 삶의 한 상황을 무대에 재현하고 그 상황이 실제인 것처럼 여기고 반응해 보도록 지시한다. 이것은 개인의 잠재적인 행위 목록을 알 수 있게 해 준다. 모레노는 허드슨 직업여학교에서 이런 평가 작업을 시범 보인 적이 있다. 그 예는 이 장의 뒷부분에 소개되어 있다.
4. 교육적인 사이코드라마와 역할연기　교육의 한 방법으로서 전문가는 내담자의 역할을 해 보는 것뿐만 아니라, 치료과정에서 전형적으로 일어날 수 있는 갈등 상황을 시연하면서 그 속에서 전문가로서의 자신의 역할을 수행하도록 요구된다.
5. LSD 등의 약물을 이용한 마취요법이 결합된 사이코드라마　환자는 약물에 취한 상태에서 특정 경험을 재현해 본다. 환자가 이미 약물치료를 받은 뒤라면, 약물복용 상태에서는 소통할 수 없었던 내적 경험을 시연해 볼 수 있다.
6. 가족 사이코드라마와 가족치료　가족 구성원이 치료에

함께 참여하여, 서로 역할을 바꿔 해 보거나 서로의 이중자아를 연기해 보거나 다른 사람의 보조자아가 되어 보기도 한다.

사회연구자로서의 디렉터와 보조자아

Dunkin(Moreno, 1972: 252-261; Moreno & Dunkin, 1941)이 쓴 논문에 따르면, 모레노는 디렉터와 보조자아의 기능을 사회연구자로 표현하고 있다. 모레노는 다음과 같이 주장하였다.

> 실험적인 사이코드라마를 통해서 자연과학에서나 볼 수 있는 수준의 정확성을 가진 통제된 실험이 사회과학에서도 이루어질 수 있음이 처음으로 확인되었다. 이는 실로 사회과학의 진화가 아닐 수 없다. 더 특별한 것은 사회연구자인 자신이 사회적 상황 내에 있으면서 연구 자료의 객관적인 일부가 되는 것이 가능하다는 점이다. 즉, 자신이 실험의 대상인 동시에 실험을 실시하는 사람이 되는 것이 가능한 것이다. 엄격한 의미에서는 지금까지 불가능했던 것이 가능해졌다. 바로 인간이 자신의 '실험용 쥐'가 될 수 있다는 것이다(Moreno & Dunkin, 1941).

모레노는 사회 문제에 대한 탐구를 사회연구자에 대한 탐구와 함께 시작했다. 모레노는 사이코드라마를 이용해서 연구자의 역할과 그가 연구 전후와 연구 동안에 뭘 생각하는지를 탐색했다. 사이코드라마가 사회 문제를 연구하는 한 방법으로 이용될 때, 디렉터는 사회연구자가 되고 또 사회연구자로서 분석되어야 한다. 사이코드라마에서 디렉터는 특정 사례에 초점을 두는 접근 외에도 모든 사이코드라마에서 해야 하는 일반적인 기능들이 있다. 이 일반적 기능들은 모레노 논문의 주제가 되었다.

주인공과 무대와 관련해서 모레노는 세 가지 다른 위치인 면담자, 관찰자, 구경꾼의 위치에 있는데, 각각은 디렉터의 세 가지 다른 기능에 해당된다. 우리는 세 가지 다른 위치에서 기술하고 있는 그의 모습을 시연 중에 발견할 수 있다.

1. 면담자 위치　디렉터는 중앙에 있는 무대의 두 번째 층에 앉아 있다. 그는 팔꿈치를 위층에 기대고 발은 아래층에 내려놓은 채 편안하게 앉아 있다. 디렉터는 위압적인 자세로 관객을 대하지 않는다. 그가 첫 면담을 위해서 주인공을 그 옆으로 불러들일 때, 두 사람은 동등한 자격에 있다. 하지만 모레노는 무대 설계가 다르거나 공간적인 특성에 따라 다른 위치가 더 좋을 수도 있다고 언급하였다. 디렉터는 장면이 끝날 때마다 분석을

위해서 혹은 다음 장면의 시연에 앞서 주인공을 웜업시키기 위해서 무대 중앙으로 다시 돌아간다. 주인공이 디렉터의 어느 편에 앉을지는 그의 선택에 맡겨 두면 된다.

2. 관찰자 위치 디렉터는 무대 오른쪽 벽 가까이에 관객과 같은 층에 서 있는데, 이는 디렉터가 무대를 보다 잘 볼 수 있게 해 주고 관객을 한눈에 볼 수 있게 해 준다. 디렉터는 또한 무대의 가장 낮은 층 오른쪽에 서 있는데, 이는 무대를 가까이서 관찰할 수 있게 해 주고 개입이 필요하면 무대로 쉽게 올라갈 수 있는 위치다.
3. 구경꾼 위치 디렉터는 앞 열에 앉아 있으면서 무대에서 시연되는 장면에 적극적으로 참여하는 것은 다소 피한다. 무대 위의 원활한 장면 재현을 위해서 때로는 저항적인 주인공을 그 옆으로 불러와 웜업시키기도 한다.

모레노는 디렉터가 너무 경직되게 이런 위치를 고집해서는 안 되며, 돌아가는 상황에 맞게 유연하게 자리를 이동하면서 극을 진행해야 한다고 강조했다.

보조자아가 되는 사람은 그에게 부여된 역할이 무엇이고 그 역할을 위해서 무엇을 해야 하는지 관찰을 통해서 잘 숙지하고 있어야 한다. 그는 관찰하는 참여자가 되어야 한다. 보조자 입장에서는 맡은 역할을 충분히 공감하기가 쉽지 않다. 시연을 하는 보조자는 감정을 그대로 느끼면서 행동해야 한다. 그는 존재하거나 존재하지 않는 인물을 구성 혹은 재구성한다. 사회연구자로서 보조자는 주인공이 되어 주인공을 연구하게 된다.

디렉터는 자발성 검사를 이용해서 보조자가 할 수 있는 역할의 범위를 찾을 수 있다. 보조자는 (1) 주인공이 관계하고 있는 실제 인물, (2) 상상 속의 인물, (3) 주인공 자아의 한 부분의 세 유형의 역할을 한다. 극의 성공 여부는 주인공이 역할 속의 자신을 얼마나 잘 수용하느냐에 달려 있다.

사이코드라마의 응용

사이코드라마는 다양한 장면에서 다양한 집단의 사람을 대상으로 적용되고 있으며, 때로는 사이코드라마의 일부 기법적인 측면만 도입되어 적용되기도 한다. 모레노는 정신병 환자, 부부 문제, 알코올 혹은 약물 중독자, 소년원, 재소자 등과의 작업을 통해서 사이코드라마의 적용 가능성이 얼마나 넓은지를 이미 보여 준 바 있다. 정신건강 분야에서도 정신과 입원환자는 물론이고 개인 클리닉에서도 개인, 부부, 가족집단을 대상으로 사이코드라마 프로그램이 활용되고 있다. 모레노는 정신병 환자를 비롯해서 사이코드라마를 통해서 도움을 받을 수 없는 문제는 없다고 주장하였다.

Bruch(1954)는 심각한 틱 증상과 오른팔의 부분마비를 보인 8세 아동을 사이코드라마를 이용해서 성공적으로 치료했는데, 이는 임상 장면에서의 사이코드라마의 효용성을 확인시켜 주었다. 톰은 학교에서 검사를 위해 주사를 팔에 맞은 직후부터 틱을 보였다. 사이코드라마에서 톰은 주사를 놓은 의사 역할을 하였으며, 디렉터는 보조자가 되어서 주사 맞는 것에 대해 몹시 불안해하는 다른 소년의 역할을 했다. 톰은 학교에서 놀림받을 것에 대한 불안과 두려움을 말로 표현한 후에 그 증상이 사라졌다.

Sasson(1990)은 지역주민과 외래환자를 위한 치료 프로그램을 운영하는 치료 센터에서 가벼운 수준에서 심각한 수준에 이르기까지 다양한 정신과적 질환을 앓고 있는 청소년을 대상으로 사이코드라마를 실시한 결과를 보고하였다. 『집단심리치료, 사이코드라마 그리고 계량사회학 저널(*Journal of Group Psychotherapy, Psychodrama and Sociometry*)』(1990, vol. 43, no. 3)에서는 특집으로 다양한 장면의 청소년을 대상으로 작업한 사례를 실었으며, 다른 특집판(1990, vol. 43, no. 2)에서는 대학교육의 사례를 실었다.

사이코드라마가 임상 실제에 기여한 바를 Blatner는 다음과 같이 밝히고 있다(Blatner & Blatner, 1988: 87-88).

심리치료에서 절충주의는 점점 증가하고 있는 하나의 사

> 조로 많은 지지를 받고 있다. ……활동과 경험의 생생함을 증가시켜 주는 기법은 환자의 능력을 한층 더 개발시켜 준다. 기술 습득적인 지향을 포함하는 것은 치료동맹을 인지적으로 유지시켜 주면서 심층적인 태도도 변화시켜 준다. 자기표현의 통로를 개발시켜 주는 것은 이전에는 충족되지 못했던 정서적 욕구를 건강하게 승화시키는 데 도움이 된다. 미래를 강조하고 이상적인 자아를 보다 적극적으로 창조하는 능력을 발전시키는 것은 치료의 또 다른 중요한 측면이다. 이 모든 것을 통해서 환자는 자신의 주관적인 경험과 현실에 대한 객관적인 평가 사이를 보다 기능적으로 오갈 수 있는 교량을 만들게 된다. 이런 요소들은 치료적 개입의 범위를 의미 있게 넓혀 주고 도전적인 치유를 가능하게 해 준다.

모레노는 사이코드라마와 집단치료를 두 개의 독립적인 발전된 치료 형태로 보았다. 계량사회학과 집단심리치료 모두 계량사회학에서 밝혀진 대인관계 연결망에 둥지를 트고 있다. 집단심리치료는 집단에 대한 과학이고, 사이코드라마는 행위에 대한 과학이다. 모레노는 계량사회학, 집단심리치료, 사이코드라마를 '삼두(三頭)체계'라고 일컬었다(Moreno, 1970). 그러나 언어적인 집단심리치료가 사실상 행위 부분이 빠진 사이코드라마의 관객 부분에 해당되기 때문에 사이코드라마가 집단심리치료를 포괄하고 있다고 볼 수 있다. 모레노가 관찰한 바에 따르면 많은 집단심리치료가 분석과 해석 혹은 토론과 언어적 직면에 의존하고 있었다. 그는 사이코드라마의 중요한 공헌은 언어적 교류가 분석과 해석이 아닌 관계 경험을 공유하는 만남에 기반할 때보다 치료적임을 보여 준 것이라고 주장하였다(1973: 24). 공유 경험은 주인공에게 지지를 제공해 줄 뿐만 아니라 다음 단계에서 관객 중에 누군가를 주인공이 되도록 준비시키는 웜업 효과도 있다.

허드슨 직업여학교에서의 계량사회학 연구

모레노는 1932년부터 1938년까지 뉴욕 소재 직업여학교에서 공동체 재건을 위한 계량사회학적 작업을 하였다. 이에 대해 Hare(1992)는 다음과 같이 정리하고 있다. 『누가 살아남을까?』(1953)에서 모레노는 가족과 작업집단에 대한 계량사회학적 검사, 계량사회학적 분류 유형, 교제검사, 자발성 검사, 상황검사, 역할연기 검사 등에 대해서 소개하고 있다. 공동체 건설 및 재건을 위한 절차도 소개하고 있는데, 여기에는 부모검사와 가족검사가 포함되어 있다. 개입이 끝날 즈음에는 기숙학교 여학생들 간에 친밀감이 증가하였으며 학업을 포기하는 학생 수도 감소하였다.

모레노는 『누가 살아남을까?』에서 300페이지에 가까운 분량을 허드슨 직업여학교에서 실시한 계량사회학적 공동체 재건에 대한 내용에 할애하였다. 여기서는 모레노의 업적에 대한 개괄적인 이해가 이미 있는 독자를 위해서 그의 복잡한 프로그램에 대해서 다시 상기시키고 계량사회학적 프로그램에 대한 그의 원저를 상세히 읽도록 동기를 고취시키는 선에서 그치고자 한다. 인용부호를 사용하지는 않았지만 요약의 대부분은 모레노가 사용한 용어와 표현들이다. 모레노의 기술임을 특히 강조하고 싶을 때에만 인용 표시를 하였다.

허드슨 직업여학교는 모레노에게 많은 계량사회학적 기법과 소집단에서의 상호작용을 다루는 기법을 익히고 발전시킬 수 있는 기회를 제공해 주었다. 그가 다른 교육기관이나 공동체에서도 이런 기법들을 일부 적용하였지만, 허드슨 직업여학교에서의 작업은 이런 기법들을 가장 포괄적이고 집중적으로 적용한 예다. 그의 목적은 자발적인 사회적 힘들의 균형을 맞추어서 '가능한 한 최대한의 조화와 하나됨' 에 이르는 것이었다.

모레노에게 허드슨 직업여학교에서의 작업은 계량사회학 실험을 완벽하게 적용해 볼 수 있는 좋은 기회였다. 그는 이 작업이 아주 긴 여정임을 사람들이 먼저 잘 알고 있어야 한다고 강조했다. 행정 조직은 단지 부분적으로만 이 실험에 관여했다. 수익에 대한 동기와 경제적 역동은 실험 설계에서 배재되었다. 공동체의 온정적인 특징은 실험을 비교적 수월하고 안정적으로 유지할 수 있게 해 주었다. 가치체계의 변화는 실험에서 시도되지 않았는데, 그런 변화에 대한 욕구가 구성원들 사이에서 분명히 나타나지 않았기 때문이다. 결론에서 모레노는 완벽한 계량사회학적 실험은 여전히 미래의 과제로 남아 있다고 언급하였다.

허드슨 직업여학교는 500~600명 정도의 작은 마을 규모의 공동체다. 모든 거주자는 뉴욕 주 법원에서 보낸 사람들로 직업훈련을 마칠 때까지 수년간 허드슨에 머물러야 했다. 그 조직 내의 공동체는 운영진과 학생이라는 두 집단으로 나뉜다. 거주자들이 살고 있는 16개의 기숙사가 있으며 교회, 학교, 병원, 상점, 작업장, 세탁소, 행정실, 농장이 있다. 흑인은 백인과 분리되어 거주하였다. 하지만 교육과 사회활동을 할 때는 자유롭게 섞여서 참여하였다. 각 기숙사에는 부모 역할을 하는 사감이 한 명씩 있었다. 모든 식사는 주방 관리자의 감독하에 각 기숙사에서 직접 요리하였다. 학생은 서빙, 주방 도우미, 세탁, 청소일 등을 맡아서 하였다.

허드슨에서의 연구는 1934년에 『누가 살아남을까?』에 처음으로 보고되었다. 당시 모레노는 Helen Jennings와 공동연구를 하고 있었는데, 그녀는 자료수집과 분석을 도왔다. 여기에 소개된 내용은 그 책의 제2판에서 발췌한 것이다 (Moreno, 1953: 219-527).

모레노는 학교라는 공동체 조직에 대해서 보다 자세히 알고 싶었다. 그는 각 기숙사의 사회 구조가 어떻든 간에 구성원 각각의 심리적 기능과 심리적 조직을 분명히 알아두는 것이 필요함을 관찰을 통해 확인했다. 예를 들어, 한 여학생의 사회적 기능은 기숙사 감독이었으나, 심리적 기능은 다른 사람들에게서 거부당하고 소외된 사람을 엄마처럼 다독여 주는 것이었다.

전체 공동체의 사회 조직은 겉으로 드러나는 것과는 다른 면을 갖고 있었다. 거주하는 건물은 분리되어 있었지만, 흑인과 백인 여학생 사이에는 끌림과 거부가 교차하였고, 이는 공동체의 사회적 활동에 심각한 영향을 미쳤다. 백인 여학생에서 흑인 여학생으로든 아님 그 반대든, 감정의 흐름을 결정하는 원인과 그 효과에 대한 평가를 분명히 확인하는 것이 중요했다. 이와 유사하게 백인 여학생들 사이에서도 기숙사 간에 이런 감정 흐름이 있었다. 심리적 흐름은 운영진과 학생 사이 그리고 운영진들 사이에서도 나타났다. 이런 모든 흐름은 공동체 내 개인과 집단의 성격과 행동에 영향을 미쳤다.

모레노는 자신의 실험이 공동체의 모든 사람에게 비슷하게 환영받고 있지는 않음을 알고 있었다(1953: 220-222). 교장은 그를 지지했지만, 그는 이사회, 다른 학교 운영진, 허드슨 시 복지부 관료를 납득시켜야 했다. 그는 주변에 친구와 적을 함께 두고 있음을 감지했다. 다양한 집단과 자신의 관계를 측정하는 한 방법으로, 그는 '계량사회학적 자기 평가'를 활용하였다. 하루에 두세 번씩 그는 프로젝트의 승패를 좌우하는 데 기여하는 주요 집단과 자신의 관계지도를 마음속에 그려 보았다.

가족집단에 대한 계량사회학적 검사

공동체 내 사회 조직의 가장 기본적 세포인 친가족이 허드슨 연구에서는 다루어지지 못했다. 기숙사 학생들은 부모에게서 분리되어 여사감에게 맡겨져 있었다. 그들은 형제자매와도 떨어져 낯선 여학생 집단에 배치되었다. 친부모를 사회적 부모가 대신하고 있었다. 모레노는 계량사회학적 검사(특정 활동을 누구와 함께하고 싶은지 물어보는 것)를 사용해서 여학생이 여사감이나 타인에게 끌리는 힘과 반대로 여사감이 여학생에게 끌리는 힘을 평가하였다. 이 검사를 통해서 그는 학생이 누구에게 끌리고 누구에게 거부감을 느끼는지를 알고 싶었다. 끌림과 거부감에 대한 종합적인 분석은 공동체 내 정서 분포에 대한 통찰과 정서적 흐름과 관련된 개인과 집단의 위치를 알려 주었다.

허드슨에서 사용된 계량사회학적 검사에서 여학생들의 주의가 향해지는 것에 대한 기준은 공동체의 다른 구성원과 같은 집에서 살고 싶은지 그렇지 않은지를 알아보는 것이었다. 당시 학생이 선택할 수 있는 학교 식구는 모두 505명이었다. 사전 검사 후에 모레노는 각 학생에게 다섯 번의 선택 기회를 주었다. 검사는 모든 학생에게 동시에 실시되었다. 모레노는 선택 기준이 분명해야 하며 검사 결과에 기초해서 집단이나 공동체가 재조직되어야 한다고 항상 주장하였다. 검사 지침은 다음과 같이 주어졌다(1953: 104).

> 현재 당신은 행정 조직의 지시에 따라 다른 사람들과 한 기숙사에서 생활하고 있습니다. 당신이 같은 기숙사에서 살 사람을 선택하지 않았습니다. 이제 당신은 함께 살고 싶은 사람을 어떠한 제약 없이 선택할 수 있습니다. 물론 이미 함께 살고 싶은 사람과 한 기숙사에 살고 있을 수도 있고 그렇지 않을 수도 있습니다. 가장 같이 살고 싶은 사람을 먼저 적고 그 다음으로 같이 살고 싶은 사람을 이어서 적습니다. 이렇게 다섯 사람을 적으면 됩니다. 주위를 한 번 둘러보고 마음을 정하기 바랍니다. 당신이 선택한 사람은 앞으로 당신과 한 기숙사에서 같이 살 수도 있다는 것을 기억하세요.

모든 여학생은 자신이 한 선택과 자신이 받은 선택에 따라 분류되었다. 각 여학생의 사회원자를 나타내는 그림이 그려졌다. 큰 원은 다른 기숙사를 나타내는 것이고, 작은 원은 그 기숙사에 살도록 선택된 학생을 나타낸다. 선택은 개인 대

개인을 이은 화살표로 표시되고 긍정적인 선택은 실선으로, 부정적인 선택은 점선으로 표시된다.

한 기숙사에 사는 구성원의 선택을 모두 나타내기 위해서 보다 큰 소시오그램이 만들어졌다. 실제로 한 기숙사에서 함께 살고 있는 사람의 구성과 개인이 함께 살고 싶어 하는 사람의 구성을 비교할 수 있었다. 모레노가 관찰한 전형적인 기숙사를 보면, 스타처럼 대부분의 사람의 선택을 받은 사람이 있는가 하면, 상호 짝을 이루는 사람도 있었고, 때로 긴 사슬로 연결되거나 삼각형, 사각형 혹은 원으로 연결되기도 했다. 어떤 여학생은 누구에게도 선택받지 못했다.

각 기숙사별로 소시오그램을 완성했을 때, 전체 공동체는 수많은 엇갈린 선택을 담고 있었다. 이는 실제로 존재했지만 그동안 볼 수 없었던 조직의 역동을 확인시켜 주었다. 어떤 기숙사는 선택이 주로 그 기숙사 내에서 집중적으로 이루어진 반면에 어떤 기숙사는 주로 다른 기숙사의 구성원들에게로 선택이 집중되어 있어, 구성원은 그 기숙사가 해체되기를 바라는 것 같았다.

정서적 관심의 한계

계량사회학적 검사에서 예상했던 선택의 수는 2,525개였는데, 실제 나타난 선택은 2,285개였다. 개인에 따라 실제로 선택을 한 수에서 차이가 있었다. 200명의 여학생이 4개 이

하의 선택을 했다. 모레노는 이처럼 서로에 대한 관심이 줄어들고 정서적으로 차가워지는 것을 관심에 대한 사회역동적 감퇴를 나타내는 것이라고 보았다. 어느 수준까지 노력한 후에는 관심을 기울이는 데 지치게 된다. 그러다 보면 극단적으로는 관심이 메말라 버리는 개인의 사회역동적 팽창성의 한계, 즉 사회적 엔트로피에 이르게 된다.

사회역동적 효과

검사 결과, 독특한 규칙성이 관찰되었다. 모든 여학생이 고르게 선택받지는 못했다. 어떤 학생은 더 많은 주의를 끌고 많은 선택을 받았으며, 어떤 학생은 적은 주의를 끌고 적은 선택을 받았다. 심지어는 선택을 하나도 받지 못한 학생도 있었다. 소수의 학생이 40개 이상의 선택을 받았고, 75명의 학생은 선택을 받지 못했다. 모레노는 이와 같이 한 집단 내에서 많은 사람이 선택에서 제외되는 과정을 사회역동적 효과라고 불렀다.

끌림, 거부감 및 무관심

모레노는 인간관계를 양끝이 있는 하나의 막대에 비유했다. 한 사람에게서 나오는 감정이 막대의 반을 차지하고, 되돌아오는 감정이 막대의 나머지 반을 차지한다. 그는 각 개인의 선택 동기를 이해하기 위해서 검사에 참여한 여학생을 대상으로 면담을 했다. 함께 살고 싶거나 그렇지 않은 사람에게 어떤 감정을 느꼈는지, 그런 선택을 한 동기가 무엇인지에 대해서 물어보았다. 또한 선택받은 사람에게도 자신을 선택한 사람과 함께 사는 것에 대해서 어떻게 느끼는지, 그리고 그들이 가진 동기가 무엇인지에 대해서 질문을 했다. 서로를 선택해서 맞물려 있는 개인의 쌍을 모레노는 사회원자라고 불렀다. 계량사회학 검사는 이런 사회원자를 찾으려는 첫 시도였다. 면담은 겉으로 쉽게 드러나기 어려운 선택동기를 찾는 데 그 목적이 있었다. 예를 들면, 한 여학생은 그녀의 첫 번째 선택에 대해서 "우리는 매우 다르지만 서로를 이해하고 있는 것 같아서요."라고 말했다. 모레노는 동기를 유형별로 범주화하지는 않았다.

허드슨 직업여학교의 505개 원자 구조는 집단 내에서의 개인의 위치에 따라 흔히 차이를 보였다. 구조는 서로 중첩되었으며, 많은 개인이 동시에 여러 개의 구조에 속해 있었다.

계량사회학적 분류

계량사회학 검사에 기초해서 모레노는 공동체 내에서 각 개인과 집단을 분류할 수 있었다. 그 시대에 유행했던 분류 방식과는 달리, 모레노는 개인을 분리해서 분류하지 않았다. 그는 개인은 타인과, 집단은 다른 집단과의 관련성에서 정의하였다. 모레노는 개인별로 집단 내외에서 주고받은 선택에 따라 표를 만들었다. 표는 4개의 칸으로 구성되어 있는데, 첫 번째 칸의 숫자는 끌림을, 두 번째 칸의 숫자는 거부를 나타낸다. 집단 내에서 주고받은 선택과 거부는 개인의 집단 내에서의 위치를 나타내 주고, 집단 밖의 사람과 주고받은 선택과 거부는 개인의 공동체에서의 위치를 나타내 준다.

모레노는 9가지 유형의 계량사회학적 분류를 소개하였다. 한 개인이 여러 유형에 속하는 것으로 분류될 수도 있다 (1953: 235).

1. **긍정적(positive) 또는 부정적(negative)** 주체가 다른 사람을 선택한 경우는 긍정적, 주체가 다른 사람을 선택하지 않은 경우는 부정적
2. **고립(isolated)** 주체가 선택받지도 선택하지도 않은 경우
3. **외향적 위치(extroverted position)** 주체가 자신의 집단 밖의 사람을 대부분 선택한 경우
4. **내향적 위치(introverted position)** 주체가 자신의 집단 내의 사람을 대부분 선택한 경우
5. **끌어당기는(attracted)** 주체가 반 이상 선택하는 경우
6. **끌리는(attractive)** 주체가 반 이상 선택을 받는 경우 (선택이 집단 내 혹은 밖에서 이루어졌느냐에 따라 'in' 혹은 'out'을 덧붙인다. 덧붙여진 것이 없는 경우는 집단 내와 밖에

서 모두 선택받은 것으로 이해하면 된다.)

7. 거부하는(rejecting)　주체가 반 이상을 거부하는 경우
8. 거부당하는(rejected)　주체가 반 이상 거부를 받는 경우
9. 무관심(indifference)　주체가 자신을 거부하는 사람이든 자신에게 끌리는 사람이든 모두 무관심한 경우

모레노는 개인을 분류할 때 계량사회학적 자료에만 의존하지 않았다. 예를 들면, 고립되어 있고 거부하고 거부당하는 유형으로 분류된 한 여학생의 상태는 그녀의 행동에 대한 집중적인 조사에 의해서 보강되었다. 한편, 공동체 내 다른 여학생의 부정적이고 고립된 상황은 그녀의 부족한 사회성에 의해서 지지받았다. 두 경우 모두 계량사회학적 분류가 임상적 근거와 부가적인 검사에 의해 뒷받침된 사례다. 행동상의 변화는 계량사회학 검사에 즉각적으로 반영되어 나타났다. 계량사회학 검사를 통해서 분류가 바뀌어야 한다고 시사되면 행동상의 변화에서 확인되었다.

두 개인이 계량사회학적으로 동일하거나 유사하게 분류되더라도, 한 사람은 잘 적응하는 개인들의 연결망 속에 포함되어 있는 반면에 다른 한 사람은 공동체의 나머지에게서 배척당한 개인에 의해 주로 선택받았을 수 있다. 모레노는 개인의 계량사회학적 위치가 정확히 확인되기 위해서는 개인이 속한 전체 공동체를 대상으로 계량사회학적 검사를 실

시하는 것이 필요하다고 주장하였다. 환경적 구조는 개인의 위치에 대한 새로운 시각을 제공해 주고 성급한 해석을 수정해 줄 수 있다. 허드슨 직업여학교에서 개인 간의 심층적인 차이는 여사감과 개인의 관계와 작업집단 내에서의 분류에 관한 연구에서 얻어졌다.

집단과 공동체 조직

몇 가지 측정치는 집단과 공동체 조직의 유형을 나누는 기초가 되었다. 집단 내로 향한 선택의 수와 집단 밖으로 향한 선택의 수가 비교되었다. 대부분의 구성원이 집단 내에 머물고 싶어 하면 그 조직은 내향적인 성향이 강한 것이며, 반대로 대부분의 구성원이 집단 밖에서 살고 싶어 하면 그 조직은 외향적인 성향이 강한 것이다. 내향적인 집단 조직은 따뜻하고 감정이 넘쳐나는 경향이 있는 반면, 외향적 집단 조직은 차갑고 감정이 적게 소비되는 경향이 있다. 집단 구성원이 외부인은 물론이고 함께 살고 있는 다른 사람에게도 관심이 없다면 그 조직은 외톨이들의 집단인 셈이다. 그리고 내향성과 외향성이 비슷한 경우, 그 조직은 균형 잡힌 조직이라 할 수 있다. 허드슨 학교의 구성원은 보통 외부인보다 집단 내 사람에게 더 많은 매력을 느꼈다. 이는 공동체 내에 작용하는 응집력이 조직을 벗어나도록 하는 힘보다 더 강함을 보여 주는 것이다.

작업집단의 조직

연구의 첫 번째 목적은 기숙집단 내에서의 관계와 기숙집단 간의 관계를 분석하는 것이었다. 이어서 연구팀이 계량사회학적 검사를 작업 상황으로 옮겨서 적용했을 때, 부가적인 요인으로 작업의 성격(작업 재료, 도구, 기계)이 고려되었다. 이 검사에서는 두 가지 점에 초점을 두었다: (1) 작업자 간의 그리고 작업자와 지도감독자의 관계, (2) 작업자와 특별한 기술적 과정의 관계. 경제적인 면은 이번 검사에서는 평가되지 않았는데, 허드슨 직업여학교의 경우 금전적인 보상이 배제되었기 때문이다.

계량사회학적 검사는 새로운 상황에 맞추어서 다음과 같이 변화되어 적용되었다. 검사자는 작업장으로 들어가 먼저 이 검사에 진지하게 대답하는 것이 그들이 작업 현장에서 그들의 욕구를 충족시키며 잘 적응하는 데 도움을 줄 것이라고 설명해 줌으로써 집단과 라포를 형성하기 위해 노력하였다. 각 개인은 다음과 같은 질문에 대답하였다.

1. 당신은 지금 하고 있는 일을 선택한 것입니까? 그렇지 않다면 당신이 하고 싶은 일을 적어 보세요.
2. 공동체 내에서 당신이 함께 일하고 싶은 사람 다섯 명만 선택하고 선호하는 순으로 이름을 적어 보세요. 당신이 선택한 사람은 현재 기숙집단 내, 작업집단 내, 혹은 다

른 집단에 속해 있을 수도 있습니다. 제한을 두지 말고 함께 일하고 싶은 사람이라면 누구라도 선택할 수 있습니다.

3. 당신이 지금 참여하고 있는 집단에서 당신이 함께 일하고 싶은 사람 세 명만 선택해 보세요. 마찬가지로 선호하는 순으로 그 이름을 적어 보세요. 선택할 때 그 사람과 같이 일을 하게 되는 상황을 고려해 보기 바랍니다. 현재 같이 일하고 있는 사람 대신에 그 사람이 올 수도 있습니다.

검사는 공동체 내에 있는 모든 작업집단에서 실시되었다. 같이 일하기 어려운 사람이라는 것이 분명해지면 집단 구성이나 조직에 변화가 시도되었고, 이는 생산성의 증가로 이어졌다. 예를 들어, 세탁소에서 세탁물을 기계 안으로 집어넣는 일을 하는 두 여학생은 서로를 싫어했다. 그중 한 사람은 반항적인 갱단의 두목이었고 학교에서 인종폭동을 일으키기도 했다. 기계에서 세탁물을 끄집어 내어 옮기는 일을 하는 두 여학생도 서로를 싫어했다. 반항적인 여학생과 세탁물을 끄집어 내는 일을 하는 한 여학생을 서로 바꾸어 배치했을 때, 구성원과 지도감독자 사이의 관계가 훨씬 좋아졌다. 새로 짝을 이룬 한 쌍은 서로에 대해 무관심했고, 다른 한 쌍은 관계가 좋았다. 결과적으로 전체 집단의 생산성이 향상되었고 대인관계적인 마찰도 많이 줄어들었다.

작업집단과 기숙집단을 비교했을 때, 긍정적인 선택의 부족이 미치는 부정적인 영향이 작업집단보다 기숙집단에서 더 컸다. 일에 대한 관심이 같이 일하는 사람에 대한 부족한 관심을 보상해 준 것이다.

교제검사

계량사회학적 검사가 상당히 강한 긍정적 혹은 부정적 끌림을 서로에게 갖고 있는 개인 간의 연결망에 관한 정보를 제공해 주었는데, 모레노는 개인의 사회적 접촉 범위 내에 있는 사람의 수에 관심을 가지게 되었다. 이에 관한 정보를 얻기 위해서 그는 개인의 사회적 교제의 폭을 평가하기 위한 교제검사(Acquaintance Test)를 개발하였다. 이 검사는 입교하는 모든 여학생에게 실시되었다. 검사 조건은 모든 학생이 동일하였고, 검사는 30일마다 반복해서 실시되었다. 검사 지침은 다음과 같이 주어졌다.

> 당신이 허드슨 직업여학교에 와서 대화를 해 본 사람 중에서 지금 이 순간에 떠오르는 모든 여학생의 이름을 적으면 됩니다. 얼마나 오래 알고 있었는지, 얼마나 자주 대화를 나눠 봤는지는 중요하지 않습니다. 이름이 잘 기억나지 않으면 별명이나 성 혹은 신분을 확인할 수 있는 다른 것을 적으면 됩니다.

한 집에서 살고 있는 사람은 대상에서 제외됩니다(Moreno, 1953: 287).

6개월에 걸쳐서 16명의 여학생을 대상으로 수집한 자료를 분석한 결과, 개인별로 교제의 정도에서 차이가 컸다. 허드슨 직업여학교에 들어온 이후 6개월간 개인은 동일한 조건에서 생활하며 타인을 만날 기회도 동일했다. 하지만 한 여학생은 교제했던 사람의 수가 8명에 불과했으며 그 분포도 5개의 기숙사에 제한되어 있었다. 다른 여학생은 교제했던 사람의 수가 131명이나 되었으며 16개 기숙사에 걸쳐 넓게 분포되어 있었다. 교제량은 여학생의 지능과 관련이 다소 있어 보였지만, 그보다는 개인의 사교 및 감정처리 기술과 더 밀접한 관련이 있었다.

자발성 검사

계량사회학적 연결망과 집단의 구성원이 되고자 하는 동기에 대한 분석 후, 모레노는 집단 구조에 대해서 더 깊이 이해하고 싶어졌다. 또한 개인이 사회적 관계를 시작하는 방식을 알려 주는 도구를 고안하고 싶었다. 그는 개인의 자발성을 자극하고 탐색하는 것이 그 핵심이라고 생각했다.

자발성 검사(Spontaneity Test)의 사례로, 모레노는 25명의 여학생이 함께 사는 기숙사의 엘자라는 한 여학생의 경우를 들었다. 계량사회학적 검사 결과, 엘자는 고립되고 거부되는 유형으로 분류되었다. 동기검사에서 얻은 자료도 이 분류를 지지해 주었다.

자발성 검사의 목적은 정서적인 교류 시 개인이 보이는 자발성의 강도와 범위를 탐색하는 것이다. 모레노는 검사 상황에서 피검자가 보이는 타인과의 자발적인 상호작용을 관찰했다. 또한 그는 그 타인의 감정과 그 강도 그리고 피검자에 대한 타인의 자발적 반응을 관찰하였다. 피검자는 다음과 같은 지시를 받았다.

> X에 대해서 어떤 감정을 느낄 수 있도록 노력하세요. 일어나는 감정이 분노, 두려움, 동정심, 우월감 같은 것일 수도 있습니다. 그녀와 함께 있는 상황을 하나 떠올려 보고 그런 감정을 표현해 보세요. 지금 이 순간에 솔직하게 느껴지는 거라면 뭐든 좋습니다. 다른 아무것도 신경 쓰지 말고 당신과 사이가 안 좋은 사람과 함께 있는 상황 속에 자신을 던져 놓으세요. 그 사람을 일상생활 속에서 너무나 잘 알고 지내는 실재하는 사람으로 여기세요. 그녀의 이름을 불러 보고 당신이 평소에 하듯이 그녀를 대하세요. 당신이 앞서 나열한 감정 중 어떤 것이라도 느끼기 시작하면 상황에 맞게 그녀와의 관계를 정교화시켜 보세요. 감정적인 것이든, 지적인 것이든, 사교적인 것이든 어떤 경험이라도 좋습니다(1953:

347).

파트너는 그녀가 자신에게 표현하는 태도가 실제로 벌어지고 있는 것이라 여기고 반응하라는 것 외에는 다른 지시를 받지 않았다. 두 사람은 사전에 서로 의논해서는 안 된다.

이런 유형의 자발성 검사는 검사 상황에 참여하는 두 파트너가 서로를 알기 때문에 완벽하게 비구조화된 검사라고 볼 수는 없다고 모레노는 여겼다. 삶이 서로를 위해서 그리고 이 검사를 위해서 그들을 이미 준비시켜 놓은 것이다. 그들은 파트너에 대한 감정과 갈등을 만들기 위해서 미리 준비할 필요가 없다. 이는 보조자아가 인위적인 실험 대행자 역할을 하는 사이코드라마의 상황검사와는 다른 점이다.

검사과정에서 피검자는 자신과 관련되는 모든 사람과 대립적인 위치에 있게 된다. 피검자가 파트너에게 네 가지 상태(분노, 두려움, 동정심, 우월감) 중 하나를 경험하면, 이어서 파트너는 피검자에 대한 자신의 상태를 선택하여 표현해 보도록 지시받는다. 피검자는 모든 파트너에게 동일한 상태, 가령 동정심을 선택해서 느낄 수 있으며, 다음 번에는 다른 상태를 경험할 수 있다. 그녀가 처음에는 진심 어린 동정을 느끼다가 곧 그녀의 진짜 감정을 드러내기 시작할 것이다. 분노와 적대감을 느낄 준비가 되고 있는 것이다.

두 사람의 반응 시간, 말 내용, 거짓 표현, 움직임이 모두 기록된다. 그리고 10초 단위로 표현된 단어 수가 기록된다. 각 개인의 상호작용 양상은 표현된 단어 수와 함께 시간축 위에 표시되는데, 상호작용을 한 기간과 상호작용 없이 멈춘 기간이 표시된다(1953: 361-362).

상황검사와 역할연기 검사

계획한 대로 모레노는 연구 관심을 집단 구조의 심층적 차원으로 확장시켰다. 상황검사(Situation Test)는 공간과 시간 관계, 위치와 이동, 행위와 멈춤, 말과 몸동작의 양, 상황의 개시와 종료 등으로 구성된 '상황 매트릭스'를 탐색하기 위해서 고안되었다. 역할연기 검사(Role-playing Test)는 사적 역할과 사회적 역할로 구성된 집단의 '역할 매트릭스'를 탐색하기 위해서 고안되었다.

한 예로 모레노는 검사를 위해 조직된 역할연기 집단의 일원으로 참여한 엘자의 활동을 소개하였다. 그녀는 딸, 엄마, 여자친구나 애인, 가정부, 귀부인, 소매치기, 판사 등 때에 따라 다른 역할을 맡았다. 그녀는 큰 산업도시의 빈민가에서 청소년기를 보내면서 인상 깊게 남아 있던 삶의 다양한 상황을 재현했다. 그중 하나는 가족 갈등 장면이었는데, 부모는 격렬하게 논쟁을 벌였으며 결국 이혼으로 이어졌다. 그 외에 지각을 해서 해고된 직장 문제도 있었고, 그녀만큼이나 가난하고 소외되어 있던 한 소년을 사랑했던 애정 갈등 상황도 있었다.

역할연기 상황에서 나온 말과 몸동작에 대한 분석은 엘자의 초기 가족 환경과 그녀가 현재 보이는 정서적 긴장의 배경을 더 잘 이해할 수 있는 단서를 제공해 주었다. 또한 역할연기는 그녀를 싫어했던 집단원이 자신에게 익숙하지 않은 다양한 상황에서의 그녀 모습을 엿볼 수 있는 기회를 제공해 주기도 했다.

모레노는 『누가 살아남을까?』에 자발성 검사와 상황 및 역할연기 검사에서 얻은 세부적인 자료 분석 결과를 소개하고 있다. 그는 표면상으로 끌림이나 거부로 나타난 것이 실제로는 복잡한 감정의 혼합물이라는 것을 알게 되었다. 엘자의 경우는, 갈등에 기여하는 관계망이 너무 넓게 분포되어 있어서 하나의 자발적인 적응조차도 그녀에게 도달하기가 거의 불가능했다. 치료를 위해서는 서로 맞물려 있는 개인의 전체 사슬을 다루어 주어야 했다. 다른 기숙사로의 이사도 시도되었는데, 이는 새로운 여학생과 여사감과의 관계 형성을 가능하게 해 주었다.

심층적 계량사회학적 분석

모레노는 공동체 삶에 대한 계량사회학적 분석을 계속 확장시켜 나갔다. 심리적인 가정을 제공받은 여자 기숙사, 직업여학교에서 탈출한 두 여학생의 연결망 환경, 두 인종이 구성원으로 섞여 있는 것의 효과, 공동체를 한 성별만으로 구성하는 것의 효과 등에 대해서 연구했다.

전체 공동체를 위한 계량사회학적 자료 분석의 한 방법으로, 모레노는 심리적 지형지도를 만들었다. 이 지도는 허드슨 직업여학교 내의 각 영역 간의 심리적 흐름에 대한 지형학적 윤곽을 보여 주었다. 기숙사 간을 연결한 붉은색 선은 호감의 흐름을 나타내고, 검은색 선은 반감의 흐름을 나타내며, 붉은색과 검은색이 반씩 섞여 있는 선은 분열된 흐름을 나타낸다.

이 지도에 따르면 멀리 떨어져 있는 기숙사일수록 서로에 대한 호감이 더 커지는 경향이 있었으며, 인접한 집단일수록 양립하기 어려운 성향이 더 컸다. 이웃이 된다는 것은 서로 자주 접하고 친밀해질 기회를 갖게 했지만, 그만큼 마찰을 초래할 일도 많이 만들었다. 이웃 간에 서로 도움이 되고 즐거웠던 일은 쉽게 잊히는 반면, 불쾌한 일은 서로 등을 돌리게 하고 거리를 두게 만드는 것 같았다. 여기서 예외가 된 두 기숙사가 있었는데, 이들은 다른 기숙사와는 멀리 떨어져 있으면서 서로 간에는 많이 의존하고 있었다. 이들은 두 집에 나눠 사는 한 가족 같았으며 두 여사감은 서로를 위해 주고 있었다.

흑백 인종집단 간의 관계는 위의 경우와 반대였다. 백인 기숙사가 흑인 기숙사에 가까이 있을수록 서로에 대한 태도는 더 우호적이었다. 반대로 서로 멀리 떨어져 있을수록 상대에 대한 관심이 적었다.

직업여학교에서 탈출했던 두 여학생에 대한 2년여에 걸친 자료 분석에 따르면, 이 두 여학생은 구성원 간에 관심이 가장 낮은, 즉 가장 외향적인 기숙사에 살았다. 그 기숙사 구성원들은 다수의 쌍으로 분열되어 있었으며, 다른 쌍에 대한 거부감이 컸다. 모레노는 집단 조직 중에는 개인을 집단 안에 있고 싶게 하는 조직이 있는가 하면, 반대로 개인을 집단 밖으로 나갈 수밖에 없게 하는 조직이 있다고 결론 내렸다.

모레노는 계속해서 계량사회학적 자료에서 드러난 관계의 다양한 유형에 대해 세부적으로 살펴보았다. 그는 『누가 살아남을까?』에서 이런 관계에 대한 계량사회학적 지표를 구성하는 방법을 제안하고 있는데, 이는 집단심리치료, 사이코드라마, 역할연기, 소시오드라마 등의 치료적인 활용 가능성을 타진해 볼 수 있는 단서를 제공해 줄 것이다(1953: 452-455).

공동체의 구성과 재구성

모레노는 일단 공동체의 계량사회학적 구조가 파악되면, 공동체에 새로 여학생이 들어왔을 때 그 여학생이 잘 지낼 수 있는 식구를 구성해 주는 일에 착수했으며, 문제가 발생하면 이전 식구와 작업 집단을 재구성하기도 하였다. 이를 위해서 모레노는 여학생과 여사감의 좋은 짝을 찾아주기 위한 부모검사(Parent Test)(1953: 463-464)와 신입 여학생을 환영해 줄 만한 기숙사를 찾아주기 위한 가족검사(Family Test)(1953: 470-471)를 개발하였다.

부모검사에서 새로운 여학생은 접견실에서 신입생을 받을 여유가 있는 여사감을 개별적으로 만나 보는 시간을 가졌다. 일련의 면담 후에 여학생과 여사감은 선택을 하고 그 동기를 얘기했다. 계속해서 가족검사가 이어졌다. 절차는 부모검사와 유사한데, 이번에는 신입 여학생과 여사감이 기숙사를 대표할 것으로 여겨서 선택한 한 여학생과 대화를 하였다.

신입 여학생이 부모검사와 가족검사를 다 마친 후에 모레노는 기숙사 할당을 위해서 기숙사의 조직을 살펴보았다. 어떤 여학생은 곧바로 기숙사에 배치되는가 하면, 어떤 여학생은 접견실에서 마땅한 곳이 나타날 때까지 같은 검사를 하면서 계속 대기하기도 했다.

입교검사: 역할연기

신입 여학생이 받아야 할 검사는 아직 남아 있다. 입교검사(Entrance Test)를 받아야 하고, 허드슨 직업여학교를 나갈 때는 퇴교검사(Exit Test)를 받아야 했다. 만약 그 여학생이 처음의 기숙사와 작업집단의 배치에 심각한 불만이 있으면 전체 검사를 다시 받기도 했다.

입교검사는 가족, 일터, 공동체의 세 가지 상황으로 구성되어 있다. 각각의 상황에서 신입생은 딸, 언니나 여동생, 동료, 아내나 여자친구, 예배 참석자, 학생 등과 같은 일상생활의 주요 역할을 재현했다. 여사감과 그 기숙사의 핵심 구성원은 역할연기에 함께 참여했다. 한 명의 판정자가 그들의 수행을 평가했다. 이 역할연기는 모레노가 신입 여학생의 배치를 최종적으로 결정하는 데 중요한 단서를 제공해 주었다.

계량사회학적 재구성의 종합적 효과

18개월 동안 여학교 인구의 약 5분의 1에 해당되는 102명의 개인이 기숙사에 첫 배치되거나 다른 기숙사로 재배치되었다. 이 기간이 끝나갈 무렵, 각 기숙사 집단의 상황은 모레노가 계량사회학적 재구성 프로그램을 처음 시작했을 때와는 비교가 안 될 만큼 상당히 달라져 있었다.

한 사람이 새로 배치되더라도 실제로 매우 많은 개인에게 그 영향이 미쳤다. 예를 들어, 20명의 신입 여학생이 기숙사에 배치되었을 때, 그들의 연결망 내에서 사회원자나 친교범위에 포함되어 있는 사람은 200명이 넘었다. 모레노가 제시한 표 자료에 따르면, 서로에 대한 관심의 양은 15개 기숙사에서 증가했고 1개 기숙사에서만 감소하였다. 호감의 총량은 12개 기숙사에서 증가했고 3개 기숙사에서만 감소했다. 그리고 집단 호감 지표는 4개 기숙사에서는 증가했고, 10개 기숙사에서는 감소했으며, 2개 기숙사에서는 동일하게 유지되었다.

모레노는 허드슨 직업여학교와 같은 공동체에서 구성원의 적응 수준을 가장 잘 나타내 주는 지표로 학교를 도중에 나간 학생의 수를 언급하였다. 그는 공동체를 나간 인원수가 그 공동체가 구성원에게 심리적인 가족 역할을 얼마나 잘 제공해 주었나를 나타내 준다고 보았다. 허드슨 직업여학교에서 모레노가 연구를 시작한 후에 학교를 도중에 나간 여학생의 수는 놀랄 만큼 감소하였다.

계량사회학적 기법을 적용해서 여학생을 배치하기 시작한 것은 1933년 2월 22일부터였다. 넉 달 후부터 배치의 효과가 공동체 내에 뚜렷이 나타나기 시작했다. 학교를 나가는 학생의 수가 점차 줄어들어서, 이후 8개월 동안 학교를 나간 학생의 수는 6명에 불과해 전례가 없을 정도로 낮은 수준을 보였다. 이 수는 외부의 일반 청소년 학교에서 보이는 수준과 유사한 것이었다. 입교하는 학생은 그 전과 본질적인 차이가 없었기 때문에, 허드슨 직업여학교에서 끝까지 남은 학생 수의 증가는 학생 배치 절차의 변화 때문일 가능성이 높다.

4 비판과 반박

다른 치료기법의 창시자에게서도 흔히 볼 수 있듯이, Moreno가 살아 있는 동안에는 그의 개인적 스타일과 그가 고안한 기법을 구분하는 것이 때로는 쉽지 않았다. 모레노가 자존감이 낮았다는 증거는 어디에도 없다. 그는 항상 자신의 견해를 강하게 피력했다. 문헌은 모레노 개인과 그의 업적에 대한 비난을 모두 포함하고 있다. Anthony(1971: 16)는 집단심리치료의 역사를 개괄하면서, 모레노의 계량사회학이 사회심리학에 중요한 기여를 했음을 인정하지만 사이코드라마는 많은 집단 치료자에게 부정적인 영향을 미치기도 했다고 주장하였다. 그는 사이코드라마가 많은 집단 치료자에게 고전적 집단심리치료의 신중하고 인내심 있는 작업을 멀리 하고 몹시 자극적이고 논쟁의 소지가 많은 단기적인 치료를 택하게 만들었다고 보았다.

모레노는 그의 업적에 대한 비판에 반박하였다. 『누가 살아남을까?』 개정판의 서문에서 그는 다음과 같이 언급하였다. "내가 내놓은 아이디어들은 논쟁의 여지가 없으며 그 자체가 보편적으로 받아들여져야 한다. 내가 바로 논쟁이다."

여기서는 모레노 이론에 대한 비판을 시작으로 비판과 논박을 시작하고자 한다. 이어서 Blatner(1968)가 정리한 사이코드라마에 대한 가장 일반적으로 제기되는 10가지 우려를 인용하였고, 다음으로 Blatner의 내용을 보완하고 확장해 주는 부가적인 비판을 수록하였다. 계량사회학과 모레노의 한 요약된 강연에 대한 비판은 모레노의 문체에 대한 비판의 마지막 단락에 소개하였다.

모레노 이론에 대한 비판

사회과학자로서 모레노는 당대의 유수한 학자의 학문세계를 섭렵했고 그들에게서 자기 생각을 지지할 수 있는 여지를 찾으려고 애썼으며, 교육, 제조업, 군대 등 사회적 삶의 기본적인 사실조차도 간과하고 있던 분야에 자신이 고안한 방법을 적용하였다(1956: 15-35). 그는 Mead(1947b; 1951b: 119-122), Homans, Marx(1949b; 1951b: 159-169), Comte, Freud(1945b) 등의 업적에 대해서 논하였다.

모레노는 자신의 논문에서 당대 사람들이 자신에 대해 오해하고 있음을 마음 아파하였다. 그는 Shila가 일차 집단에 대한 그의 분석을 잘못 이해했으며, Gurvitch와 von Wiese는 감정이 대인 간의 선택에 영향을 미치는 단지 하나의 요인이라는 그의 주장을 잘못 이해했다고 하였다. 또한 문화적 보존물이 고착되고 정형화되어 있다는 Zaniecki의 결론은 그것에 생명이 있다고 그가 말했던 사실을 간과한 것이라고 보았다(1956: 29-34). Gurvitch가 용어 사용의 비일관성을 지적했을 때, 모레노는 다음과 같이 맞대응했다. "용어 정의상의 일부 비일관성은 성장하는 젊은 과학자에게는 피할 수 없는 일이다. 그보다 더 큰 문제는 아마도 정의에 대한 경직성이 아닌가 싶다."(1956: 34) 또 다른 경우에서 Gurvitch는 모레노가 사회집단의 현실을 제대로 인식하지 못하고 있으며 대인관계만 다루었다고 비판했다. 이에 대한 반응으로 모레노는 사회집단도 하나의 현실임을 동의했다. "이 언급은 내 입장과 일치한다."(1956: 246) Weise는 집단의 기능, 과제, 목표에 더 많은 강조가 주어져야 하며, 이들은 대인 간 선택의 연결망보다 개인의 행동에 더 많은 영향을 미친다고 제안했다(von Weise, 1949: 209). Gurvitch가 모레노가 세 수준의 대인관계(군중, 공동체, 친교단체)에 더 많은 주의를 두었어야 했다고 언급했을 때, 모레노는 다음과 같이 대응했다. "많은 연구자들이 내가 미처 언급하지 못했던 부분을 얘기해 주는 것은 기쁜 일이다. 하지만 그 내용에 대해서 내가 모르고 있었던 적은 한 번도 없었다." (Moreno, 1949a: 236)

Sorokin은 사람은 새로운 과학적 혹은 공학적 발명품을 고안할 때 창조적 작업에 몰입함을 강조했다. 하지만 영감이 나타나기 전에 긴 시행착오 기간을 필요로 한다고 보았다. 이 점에서 보자면 모레노의 자발성 검사는 개인이 창조적 잠재력을 제대로 발휘하기에 충분한 시간을 허락치 않는 것 같다고 했다. Sorokin은 과학과 예술 분야의 일부 중요한 창조물이 그 창조자의 생애 동안에는 인정받지 못했다고 덧붙였다. 또한 그는 자발성-창조성은 에너지가 아닌 '어떤 상태로서 주체가 자유롭게 행동할 수 있는 상태' 라고 제안했다(1949: 223). 그는 모레노의 이론이 보다 명료화되고 개선될 필요가 있다고 했다. 1955년에 Sorokin은 자발성-창조성 이론에 대한 모레노의 요약을 다시 논평하였는데, 이에 대해 모레노는 그의 논평에 자신이 대답하기 위해서 어떻게 웜업하는지를 기술하면서 자신의 입장을 재차 주장하였다.

모레노가 타인을 만나는 관계 순간의 창조성을 강조했지만, 창조성의 예를 들기 위해서 그는 베토벤 9번 교향곡과 같은 예를 더 많이 사용하였다. 자유로운 행위에 대한 Sorokin의 강조는 사회심리학에서 행위의 동조성을 가져오는 것으로 확인된 모든 요인이 창조성을 저해하고 있음을 상기시켜 준다(Hare, 1982: 157-158). 따라서 한 개인이 동조자로 구성된 사회원자에 둘러싸여 있다면 그 개인에게서 창조성을 기대하기는 어려울 것이다. 모레노는 많은 사회심리학자들이 흔히 그렇듯 창조성을 향상시키는 데만 관심을 기울였지, 동전의 다른 면인 동조성을 이끄는 요인은 미처 고려하지 못했다.

사이코드라마에 대한 비판

Blatner(1968)는 신경정신의학이나 기타 관련 분야의 전문가가 가장 흔히 언급하는 사이코드라마에 대한 우려 10가지를 열거하고 각각에 대한 논박을 덧붙였다.

1. 사이코드라마에서 행위의 의미와 연합되어 있는 행동화에 대한 두려움이 있다.

   논박: 행동화는 일반적으로 신경증적 긴장을 행동으로 방출하는 반치료적인 행동이며 감정 경험을 자각하면서 충분히 기억하게 하기보다는 무의식적 상황을 반복하게 만든다. 사이코드라마에서는 기억하기가 자유연상에서처럼 단순히 언어화되기보다는 행동으로 시연된다. 이러한 시연은 집단치료 맥락에서 일어나며, 주인공의 자아 기능을 관찰하

고 분석할 수 있게 해 준다.

2. 행동 시연이 통제가 어려울 정도의 불안을 일으키고 정신병이나 난폭한 행동을 촉발시키지는 않을까 하는 두려움이 있다.

논박: 말을 주로 사용하는 치료에서와 같이, 문제는 불안을 일으키느냐 아니냐가 아니다. 중요한 것은 치료의 이 같은 본질적인 과정을 구조화하는 방식이다. 불안은 대처 전략을 적절한 시기에 사용하고 유지함으로써 해소될 수 있다. 응집력 있고 신뢰 있는 집단은 통제 불능 상태에 빠질 것 같은 두려움을 보이는 주인공을 안심시켜 줄 것이다.

3. 사이코드라마가 자연스럽지 못하다는 비판이 있다.

논박: 모든 치료가 환자가 경험하는 일상생활과는 다르다. 심리치료는 환자가 자신의 삶을 재경험하고 새로운 관점에서 상호작용하도록 돕는다. 환자가 언어적인 치료방법에 보다 친숙할 수도 있지만, 사이코드라마를 일단 경험해 보면 행위, 정서, 상상 세계의 풍부함을 분명히 알게 될 것이다.

4. 사이코드라마가 지시적인 것에 대한 우려가 있다.

논박: 사이코드라마의 디렉터가 주인공이 어떤 행위를 하도록 주문한다는 점에서 사이코드라마는 지시적이다. 하지만 사이코드라마에서는 환자에게 해석을 해 주거나 탐색의 초점을 정해 주지는 않는다. 디렉터는 사이코드라마의 구조 내에서 상황에 대한 주인공의 선택을 최대한 존중하려고 노력한다.

5. 집단의 관점을 명료화하기 위해서 언어적 방법보다 행위를 사용하는 것이 과연 유용한가 하는 의문이 있다.

논박: 의사소통에 문제가 있는 집단에서는 언어적 토론에 의해 집단 내 갈등을 해결할 수 없다. 오직 행동적 방법을 사용해서 경험을 공유함으로써 모든 집단원이 관련된 관심사를 찾을 수 있고, 그렇게 하여 각자의 다른 기대와 태도가 명료화될 수 있다.

6. 행위기법이 겉만 그럴듯하지 환자와 진솔하고 정직한 관계를 맺어 가는 데는 오히려 방해가 되는 기법이 아닌가 하는 의문이 있다.

논박: 기법이 명백하고 시간 제한적이며 개방적인 태도로 사용되고 행동 시연과 관련되며 치료관계와는 관련이 없는 한, 치료자는 위선적이거나 모호한

느낌을 가지지 않을 것이다.

7. 제대로 훈련받지 않은 디렉터가 감독하는 사이코드라마를 본 사람들은 사이코드라마가 관객에게 지루하게 여겨지고 주인공에게는 어색하거나 파괴적일 때 사이코드라마에 대한 회의적인 생각을 흔히 갖는다.

   논박: 이 문제는 사이코드라마보다는 디렉터와 관련된 문제다. 디렉터는 웜업을 적절히 사용해야 한다. 흔히 큰 움직임이 사용되기도 한다. 디렉터는 주인공에게 낯설거나 정서적 부담이 너무 큰 역할을 주지는 말아야 한다. 또한 '나누기'와 다른 방법을 사용해서 집단 내에 지지적인 분위기를 만들어야 한다. 그렇지 못할 경우 시기적절하지 못한 해석은 주인공의 자존감에 손상을 줄 수도 있다.

8. 역할을 부여하는 것이 인위적으로 느껴지고 역할 수행이 위선적이며 재미로 하는 행동처럼 간주될 수 있다.

   논박: 역할 개념은 자발적이고 자기실현적인 존재로서의 인간에 대한 모델과 얼마든지 양립 가능하다.

9. 행동 시연이 주인공의 갈등을 왜곡시키지는 않을까 하는 우려가 있다.

논박: 동일한 비판이 말을 주로 사용하는 치료자에게도 해당될 수 있다. 과거 사건의 재구성은 환자의 검열을 받기 때문이다. 하지만 행위는 기억할 때 보다 많은 감각이 관여된다. 이는 역사적 사건을 왜곡되게 회상시키는 방어 책략을 줄여 준다.

10. 통제된 실험연구가 부족하다는 비판이 있다.

논박: Blater는 이에 대해 논박하지 않았다. 대신 1968년에 그는 사이코드라마가 잘 통제된 연구에 의해 타당화될 필요가 있다고 언급한 바 있다. 10년 뒤에 Kipper(1978) 역시 적어도 하나 이상의 기초적인 사이코드라마 기법이 적용된 14개 연구를 검토한 후에 보다 통제된 연구의 필요성을 언급하였다. 연구에 대한 이 같은 요구는 1990년대에도 이어지고 있다.

이상의 사이코드라마에 대한 우려들이 언급되고 20년이 지나서, Blatner는 방법적인 면에 추가해서 그 방법을 적용하는 치료자와 관련된 문제를 몇 가지 더 언급하였다(Blatner & Blatner, 1988: 33-37). 우선 50분간 환자를 보는 데 익숙한 치료자라면 한 회에 두세 시간이 소요되는 사이코드라마를 실시할 경우 환자를 이전 만큼 많이 보기 어려울 수 있다.

게다가 치료 회기에서 강한 감정이 올라오면 사후 관리가 더 필요할 수 있다. 내향적이고 마치 수동적인 학생처럼 수련을 받은 치료자는 보다 적극적이고 외향적인 역할을 하도록 달라질 필요가 있다. 끝으로 어떤 치료자는 엄격한 과학적 기준에 맞지 않는 모레노의 개인적, 종교적, 철학적 입장에 대해 거부감을 가질 수 있다.

사이코드라마에 대한 추가적인 비판

앞에서 언급한 것 외에도 다른 비판이 추가될 수 있다. 그것은 새로운 내용이거나 이전 관점이 조금 변형되어 강조점이 달라진 것이기도 하다. Kreitler와 Elblinger(1961)는 치료자나 보조자아의 불안으로 인해 주인공이 해로운 불안을 경험할 수 있다고 언급했다. Yablonsky(1968)는 디렉터 역시 집단원이고 참여자이기 때문에, 사이코드라마 세팅이 디렉터가 집단을 과잉 통제하고 권위적으로 조종할 수 있는 완벽한 형식을 갖출 수 있다고 경고했다.

Wolson(1971)은 사이코드라마 도중에 심리적인 와해가 일어날 위험성에 관한 임상적인 증거를 제시하면서 그럴 경우 충동 통제력의 상실을 다루어 주어야 한다고 언급하였다. 그는 사이코드라마에 대한 비판 중에서 가장 심각한 우려로 취약한 개인에게 '정신병적 와해' 를 일으킬 수 있다는 점을 들었다. Wolson은 또한 Blatner가 지적했던 것과 같은 비판을 강조하기도 하였다. 즉, 임상적 전문성의 부족과 주인공 선택 절차상의 불충분한 조심성에 대한 비판이다. Wolson은 정신병원에서 사이코드라마 디렉터로 근무하는 동안, 사이코드라마 도중에 환자가 와해되거나 정신병적 상태에 빠진 적이 한 번도 없었다고 보고하였다. 그가 관찰한 가장 위험한 현상은 충동 통제력의 상실이었는데, 그가 치료했던 150개의 사례 중에 네 가지 사례에서 이런 일이 발생했다. 특히, 다루기 힘든 충동은 분노였다. 분노 표현은 갑작스럽게 일어났고, 이는 사이코드라마 회기 내에서 완벽하게 다루어졌다.

Wolson은 취약한 환자를 대상으로 한 사이코드라마라 하더라도 유능한 임상가가 치료를 맡는다면 비교적 안전하다고 보았다. 그는 통제력을 잃은 환자를 결정적인 치료적 개입의 기회를 잘 살려 파괴적인 결과 없이 치료를 잘 마무리한 세 가지 사례를 소개하였다. 치료 성과를 극대화하기 위해서는 디렉터가 스트레스와 퇴행에 대한 환자의 내성을 잘 파악해서 이에 맞출 수 있어야 하며, 환자가 정서적인 혼란에 빠졌을 때 이를 객관적으로 관찰할 수 있어야 한다. 그리고 외부적인 통제와 제한적인 기법에 반응적이어야 한다. 환자의 의지와 대립되더라도 환자를 통제할 수 있는 스태프의 능력 또한 중요하다. Wolson은 병원 장면에서 환자, 간

호팀, 의사 모두 사이코드라마가 안전한 절차임을 인식해야 할 뿐만 아니라 사이코드라마의 활동에 대해 잘 알고 있어야 하며, 사이코드라마가 개인치료나 그 밖의 다른 활동과 연계될 수 있어야 함을 강조했다.

모레노(1973)는 환자의 행동에 대한 충분한 보호 조치가 없는 상황에서 사이코드라마를 자살이나 살인의 위험이 높은 환자에게 실시해서는 안 된다고 언급했다. 그런 환자는 너무 쉽게 웜업되기 때문에 사이코드라마에서 환상을 행동으로 시연하는 것이 자살이나 타살 행동을 실현하도록 환자를 고무하거나 준비시킬 수 있다. 특히, 낮병원, 사무실, 외래 클리닉에서는 절대 금해야 한다.

모레노(1972: 330)는 사이코드라마가 부부 문제, 특히 다른 남자나 여자가 관여되어 있을 때는 이로 인해 초래될 수 있는 특수한 문제들에 각별히 주의해야 한다고 하였다. 그는 그런 상황이 너무 복잡하고 많은 비극과 고통을 초래할 수 있기 때문에 디렉터가 어떤 행동적인 제안도 하지 않는 것이 좋다고 하였다. 치료 극장은 법정이 아니며, 보조자아나 관객은 배심원이 아니다. 물론 디렉터도 판사가 아니다. 디렉터가 할 수 있는 가장 좋은 해결책은 자발성과 주도성을 증진시키고 균형감을 최대로 유지시켜 주는 것이다. 그것은 남편과 부인의 재결합일 수도 있고 파경일 수도 있다.

Blatner의 목록을 지지하는 추가적인 비판들이 있었다.

Langley와 Langley(1983)도 사이코드라마 디렉터 훈련의 중요성을 강조했다. Kellermann(1992: 65)은 디렉터가 카리스마가 아닌 전문적인 유능성에 의지해야 한다고 했다. Corey(1985)는 사이코드라마는 매우 조심스럽게 실시되어야 하며, 특히 행동화하는 개인에게 실시할 경우는 더욱 그렇다고 했다. Landy(1986)는 사이코드라마에서 집단원보다는 훈련받은 보조자아가 지지적인 역할을 할 것을 권했다. Kellermann(1987) 역시 사이코드라마에 대한 엄격한 이론적 및 경험적 연구와 잘 통제된 효과연구가 부족한 점을 강조했다. 그는 1952년에서 1985년 사이에 발표된 23개의 고전적인 사이코드라마 연구를 정리했다. 그는 사이코드라마가 다른 치료 접근의 타당한 대안이 될 수 있으며, 특히 적응문제, 반사회적 행동, 관련 장애의 행동 변화를 증진시키는데 효과적이라고 결론 내렸다. 또한 그는 지금까지의 사이코드라마 연구가 임상 실제에 큰 영향을 주지 못한 사실이 과학적인 수단을 이용해서 연구하려는 미래의 시도를 위축시켜서는 안 된다고 언급했다(Kellermann, 1987: 467). 끝으로 Kellermann(1992: 168-172)은 사이코드라마 과정을 위한 체크리스트를 제시했다.

Kane(1992)은 고전적인 사이코드라마가 집단상담에 적용될 때 일어날 수 있는 잠재적인 학대, 제한점, 부정적 효과 등에 대한 짧은 목록을 제시했다. 그녀는 사이코드라마 디렉터가 상당한 전문성, 임상 경험, 지식을 갖고 있어야 한다고 강조했다. "집단상담에서 훈련이 부족한 미숙한 디렉터가 어설프게 드라마 기법을 적용하면 내담자, 특히 정서적으로 취약한 내담자에게 해가 될 수 있다."(Kane, 1992: 181) 그녀의 목록은 Blatner의 것과 일면 유사하다. 사이코드라마는 특정 집단, 과잉 통제적인 디렉터, 부적절한 훈련을 받은 보조자에게는 좋지 못한 치료법이라는 것이다. 그녀는 디렉터가 집단에 신뢰와 응집성을 형성시킬 충분한 시간을 가지지 못하기 쉬우며, 때로는 사이코드라마적인 행동 시연이 상담의 수단이 아닌 목적이 되어 버릴 수도 있다고 보았다. 또한 그녀는 이런 문제를 해결하기 위해서 사이코드라마의 한계와 오용에 대한 더욱 체계적인 연구가 있어야 함을 강조하였다.

연구 결과를 기다리는 동안, Greenberg(1974)는 관련 원칙에 대한 철저한 교육과 인정된 기관에서 고전적인 방법 전체를 사용하는 사람에 대해 지속적인 훈련을 실시하는 것이 사이코드라마와 그 기법의 오용을 막아 줄 최선의 방책임을 강조했다. 모레노도 고전적 사이코드라마가 숙련되고 잘 훈련된 디렉터에 의해 실시되어야 함을 역설한 바 있다.

삼두체계 혹은 개념 중립성?

일부 사이코드라마 전문가는 모레노의 생각을 직접 비난하지는 않았지만 전체 패키지를 사용할 필요는 없음을 제안하기도 했다. 예를 들면, Kellermann(1987: 77; 1992: 18)은 모레노가 믿었던 것처럼 계량사회학, 집단심리치료, 사이코드라마로 구성된 '삼두체계(triadic system)'의 한 부분으로서 사이코드라마를 사용할 필요가 있는가 하는 의문을 제기했다. Kellermann은 이 세 가지를 분리된 방법으로 보았는데, 임상가의 지향에 따라 이 세 가지를 함께 사용할 수도 있고 따로 사용할 수도 있다. 이에 대한 논박으로 우리는 모레노가 사회원자로 표상되는 대인관계 연결망이 정신건강의 기본 요인임을 강조한 것을 주목할 필요가 있다. 따라서 개인의 사회원자에 대한 정보가 없으면, 치료자와 치료 기능을 하는 집단은 치료를 어디서 시작할지 알 수 없을 것이다. 사이코드라마는 행위적 방법을 통해서 개인의 문제를 조사하는 한 방법으로 집단치료를 위한 정보를 제공해 준다. 모레노에 따르면, "삼두체계는 집단에 관한 과학, 계량사회학에 관한 과학, 행위에 관한 과학의 세 이론의 통합이다. 이들은 서로 관련되어 있으며 서로에게 없어서는 안 된다."(Moreno, 1964b: 156)

덧붙여 Kellermann은 「사이코드라마의 초과학에 관한 에세이(Essay on the Metascience of Psychodrama)」(1991)에서, 인본주의적 심리학자처럼 대부분의 사이코드라마티스트도 반이론적이며 '건강한 회의주의, 비판적 의문, 엄격한 연구를 희생하더라도 자발적 행동, 감정 경험, 감정 해소를 선호한다.' 고 기술하였다.(Kellermann, 1991: 19). 자발성, 창조성, 순간, 역할, 상호작용 등에 관한 모레노의 이론은 많은 임상적 상황을 유용하게 설명해 주지만 사이코드라마 치료에 대한 충분히 통일되고 포괄적인 이론 구조를 제공해 주지는 못한다(Kellermann, 1991: 20).

초기 논문에서 Kellermann(1987)은 사이코드라마에 대한 '이론에서 자유로운' 절차적 정의를 제안했다. 그것은 그가 이론이 불필요하다고 여기기 때문은 아니며, 하나의 공통된 틀 내에서 다양한 배경의 전문가를 통합하고자 노력하기 때문이라고 하였다. 사이코드라마를 많은 장면을 행동으로 시연하는 일련의 절차로 보는 그의 정의에 따르면, 정신분석, 행동주의, 실존주의, 인본주의 등 다양한 이론을 사용하는 전문가가 사이코드라마를 실시할 수 있다. 그들의 작업은 '사이코드라마적인' 이론에 기초할 필요가 없다. Kellermann의 절차적 정의는 프로이트, 클라인, 융, 아들러 등을 추종하는 사람을 모두 포함시킨 정신분석의 정의와 유사하다. 사이코드라마가 단지 하나의 방법이라면 이러한 것이 가능할 것이다. 하지만 앞에서 언급했듯이 사이코드라마가 '사회원자 수리 작업' 으로서 삼두체계의 일부라면, 포괄적인 '삼두이론' 만이 사이코드라마 활용을 위해 필요한 기초를 제공해 줄 수 있을 것이다.

Kellermann에 대한 반응으로, Kipper(1988)는 그의 책에서 임상적 역할연기에 대한 주의를 환기시켰다. 그는 '개념적인 중립성(conceptual neutrality)' 을 유지할 수 있는 사이코드라마와 다양한 형태의 역할연기에 대한 정의를 제안하였다(1986: 24). 그전에 Kipper는 사이코드라마에 대한 '절차적 정의' 도 제안하였는데, 사이코드라마를 하나 이상의 장면을 제시하고 문제를 탐색하고 상황을 검증하는 것이라고 하였다(1978: 13). 또한 Kipper는 '사이코드라마 방법과 모레노 이론 사이의 배타적인 관계에 대한 지금까지의 비난이 불필요한 것이라고' 생각했다(1988: 165). 하지만 그 방법에 대한 새로운 이론적인 설명이 마련되어야 했다. Kellermann도 그의 초과학 논문에서 이런 시도를 하고는 있지만 완성하지는 못했다(Kipper: 1991). Kipper는 사이코드라마에 대한 새로운 이론적인 설명을 '행동 시뮬레이션 패러다임(behavior simulation paradigm)' 이라는 형태로 제안하였다. 이것은 개인의 역할연기 능력과 가상의 조건에서 교정적인 조치를 취할 수 있는 가능성에 초점을 두고 있다. 그는 사이코드라마가 다음과 같이 정의될 수 있다고 언급하였다. "가상의 다양한 조건에서 역할연기 시연을 통해서 개인의 경험을 극으로 만드는 한 방법으로, 심리적인 과정을 활성화시키는 수단으로 이용된다."(Kipper, 1988: 167) 이 정의는 Kellermann의 '이론에서 자유로운' 정의처럼 사이코드라마티스트가 무엇을 하는가에 대해서는 알려 주지만 왜 사이코드라마를 하는가에 대해서는 제대로 알려 주지 않는다. 모레노는 개인을 변화시키는 것뿐만 아니라 개인의 건강을 해치는 사회적 상황을 동시에 변화시킨다는 분명한 목적을 마음에 새기고 있었다.

'초과학' 으로 돌아가서, Kellermann(1991)은 모레노가 놓쳤던 부분을 지적하였다. 모레노는 우주에 관한 통일된 이론을 만들려고 많은 노력을 기울였다. 하지만 그는 흔히 모순적인 가정에 근거한 상호 배타적인 관점들을 통합하려고 무리한 시도를 하였다(Kellermann, 1991: 20). 상호 배타적인 관점들은 모레노가 만든 것이 아니며 우리에게도 익숙한 자연과학 대 인본주의 과학 모델이었다. 치료 면에서 볼 때, 자연과학적 입장에서는 증상 제거와 적응이 목적인 반면에 인본주의적 입장에서는 자발성 증진과 자기실현이 목적이다. Kellermann은 모레노의 글에서 자연과학적인 모델을 지향하는 증거를 발견할 수 있었다. 하지만 그는 준의학적인 언어를 사용하고 있음에도 사이코드라마가 인본주의적 접근에 보다 많은 기반을 두고 있다고 보았다. Kellermann은 증상 제거가 필요한 환자에게는 행동적인 사이코드라마를 권하고 자기와 타인에 대한 거짓 생각으로부터 자유롭고 싶어 하는 환자에게는 실존적인 사이코드라마를 적용하여 두 입장을 통합하는 절충안을 제안하였다.

이런 구분은 사이코드라마티스트가 환자나 주인공이 있는 곳에서 출발하기를 원하기 때문에 별 문제가 없어 보인다. 개인이 실존적인 주제에 보다 집중할 수 있기 위해서는 증상 제거가 필요할 수 있다. 모레노의 기본 이론은 전체주의적이고 인본주의적이다. '순간의 경험들' 을 행동 시연으로 재창조함으로써 환자, 치료자, 관객은 그 자리에서 상호작용을 하고 있는 것처럼 사회적 · 심리적 힘의 상호작용을 느낄 수 있다. 하지만 그 과정에 대한 기술은 순차적으로 이루어질 수밖에 없어서 그 상황이 그대로 이해되는 데는 한계가 있다. 사이코드라마 연구에 대한 Kellermann의 해결책은 양적 및 질적 방법을 결합해서 단일 연구를 하는 것이다. 방대한 기술을 가진 대부분의 질적 방법은 적용될 때 순차적으로 정보를 제공하지 '그 순간의 경험' 을 실제로 일어나는 대로 나타낼 수 없다는 점 때문에 근본적인 단점을 안고 있다.

계량사회학에 대한 비판

대인 간 선택에 관한 측정학이라는 제한된 의미에서 보면, 여기서 기술하는 계량사회학에 대한 비판은 모레노가 개발한 방법에 대한 것이라기보다는 다른 사람들에 의해 연구되고 적용되어 온 방법에 대한 비판인 셈이다. 모레노의 『누가 살아남을까?』(1934)와 초기 논문에 대해 언급하면서, Lindzey와 Borgatta(1954)는 계량사회학적 검사가 모레노가 의도한 것처럼 사용되기 위해 반드시 지켜져야 하는 6가지 규칙을 제시하였다.

1. 검사가 실시되는 집단의 범위가 규정되어야 한다.
2. 타인에 대한 선택에 제한이 없어야 한다.
3. 개인은 구체적인 기준이나 활동을 마음에 새기면서 다른 집단 구성원을 선택하거나 거부해야 한다.
4. 계량사회학적 검사 결과는 집단을 재구성하기 위해서 활용되어야 한다. 즉, 서로 호감을 가지고 있는 사람들은 한 집단으로 묶어 주어야 한다.
5. 의견은 비공개적으로 나누어야 한다.
6. 질문은 집단원이 이해할 수 있는 방식으로 표현되어야 한다.

Lindzey와 Borgatta는 실제로 이 6가지 규칙이 계량사회학적 연구의 25%에서만 지켜진 것으로 추정했다. 그들의 글은 계량사회학이 가장 왕성하게 활용되고 있을 때 쓰였다. 가장 흔히 위배된 규칙은 선택에 제한을 두어서는 안 된다는 것과 검사 결과에 따라 집단을 재조직해야 한다는 것이었다. 어떤 연구는 '누구와 함께 일하고 싶으세요?' 와 같은 질문을 빠트리고 '누구를 좋아하십니까?' 라고만 물어보기도 했다. Lindzey와 Borgatta(1954: 441)는 논문의 결론에서 계량사회학적 측정에서 소홀히 여겨졌던 몇 가지 고려사항과 문제점을 지적하였다: (1) 집단과 조직의 형식적인 면을 빠트리고 계량사회학적 자료에만 지나치게 의존하는 것, (2) 계량사회학적 반응과 관련되는 조건과 변인에 대한 체계적인 연구의 부족, (3) 선택이 한쪽에서만 가능한지 양쪽 모두에서 가능한지에 대한 고려 부족, (4) 우연의 영향을 고려하지 않고 양적 자료를 취급하는 것.

심리치료와 집단심리치료의 기본 쟁점들

모레노는 1954년 유럽에서의 강연에서 처음으로 심리치료와 집단심리치료 그리고 일반적인 소집단의 기본적인 쟁점에 대해서 언급하였다. 당시 그는 주로 미국에 거주하는 35명의 동료에게 강연의 복사본을 보내어 논평을 부탁했다.

그들 가운데는 17명의 정신과의사, 10명의 심리학자, 6명의 사회학자, 2명의 신학자가 포함되어 있었다. 강연 내용과 논평은 모레노의 두 논문에 발표되었으며, 『사이코드라마(*Psychodrama*)』의 제2권 『심리치료의 기초(*Foundations of Psychotherapy*)』(Moreno & Moreno, 1959)에 묶여 출판되었다. 모레노는 강연을 하면서 실존주의, 정신분석, 집단심리치료, 공산주의, 자동화 등 동시대의 주요 사상계를 경험할 수 있었다.

강연 서두에서 모레노는 개인심리치료 기법을 개발한 대부분의 1세대는 운명했으며 집단/활동 기법을 만든 대부분의 주인공은 노쇠해 가고 있다고 했다. 모레노는 공통분모를 찾아 다양한 방법을 단일하고 포괄적인 체계 안에 수용하고자 노력했다. 그는 또한 치료자가 장의자를 선택하든, 일반 의자 혹은 무대를 준비하든, 치료방법은 환자의 욕구에 맞게 사용되어야 한다고 언급했다.

강연 1: 전이, 역전이 및 텔레-집단연구와 집단심리치료의 관계

프로이트는 환자가 치료자에게 비현실적인 환상을 투사하는 것을 관찰하고 이를 전이라고 일컬었다. 그리고 나중에는 치료자가 자신의 무의식적인 감정을 환자에게 투사하는 현상을 발견하고 이를 역전이라고 일컬었다. 모레노가 보기에는 '역' 이라는 개념은 성립하지 않는다. 전이는 대인 간의 현상으로 양방향적인 것이다. 어떤 전이는 처음부터 양쪽에서 일어날 수 있다. 환자와 치료자는 서로에 대해 더 많이 알아가면서 상대의 실체에 대한 상을 형성해 나간다. 서로의 진가를 알아가고 이해해 가는 과정을 모레노는 '텔레' 라고 일컬었다. 그는 텔레를 양방향 의사소통이 가능한 전화기에 비유했다. 치료관계의 안정성은 두 참여자 간의 텔레 강도에 달려 있다. 치료자–환자 관계의 현상 역시 모든 관계에 적용되는 일반적인 현상의 한 예다.

전이는 일반화된 인물이나 모호한 대상에게서는 일어나지 않으며, 치료자가 수행하는 환자에게 비쳐지는 '역할' 을 통해서 일어난다. 그 역할은 아버지, 어머니, 현인, 애인 또는 환자에게 친숙한 다른 사람의 역할이다. 반대로 치료자는 상대방의 역할에서 환자를 경험한다. 모든 개인은 그들에게 친숙한 역할과 반역할의 세트를 가지고 있다. (다른 곳에서 모레노는 개인이 '문화원자' 로 기능하는 역할 세트를 언급했다.) 우리는 역할을 수행할 때 타인이 어떻게 보고 행동할지에 대해서 정통하다.

전이 개념이 두 개인 간의 관계를 설명하는 데 적절하지 않다면, 집단치료에서의 관계를 설명하는 데도 적절성이 떨어질 것이다. 어떤 집단에서는 의사가 환자가 되고 환자가 의사가 될 수도 있다. 집단의 누구라도 다른 집단원의 치료자가 될 수 있다. 우리는 치료 회기를 이끌어 가는 사람과 치료 대행자를 구분해야 한다. 현명한 치료자는 환자와 직접 대면해서 라포를 형성하기보다는 도울 수 있는 더 좋은 위치에 있는 다른 사람과 작업을 할 것이다. 집단치료에서 치료 대행자는 누구든 될 수 있으며 소수 개인의 집합이 될 수도 있다.

계량사회학적인 지위에 대한 구성원의 지각은 전이행위와 관계가 있다. 예를 들어, 자신의 계량사회학적인 지위, 즉 자신이 받은 선택의 수를 과소평가하는 환자는 다른 집단원을 자신보다 높게 평가할 것이다. 텔레는 보다 정확한 지각을 가능하게 해 주는 반면, 전이는 정확한 지각을 어렵게 한다.

전이, 텔레, 사회지각, 역할관계 등 집단치료와 관련된 여러 개념에 대한 정의에서 파생된 가설을 검증하기 위해서, 모레노는 역할연기 기법을 추천했다. 이 기법은 통제된 연구도 가능하게 해 주기 때문에 실제 치료 장면을 관찰하는 것보다 더 유연하다.

강연에 대한 토론은 22페이지 분량에 달했다. 각 토론자의 이름에 이어서 논평이 기술되었다. 각 토론자가 독립적으로 강연 내용을 읽었기에 논평의 상당 부분이 중복되었다. 어떤 이는 몇 줄에 그쳤지만, 어떤 이는 몇 페이지씩 논평을 했다. 여기서는 그중에서 대표적인 일부 논평만 소개하겠다.

Gordon W. Allport: 모레노 박사는 텔레를 타인의 실제 성격에 대한 '통찰' '올바른 인식' '느낌' 등으로 정의하고 있다. 이는 모든 올바른 치료의 기본이 됨은 물론이고 모든 건강한 인간관계의 기본이 된다. [타인의 사회 역할에 대한 이해도 필요하다.] 한 가지 언급하고 싶은 부분은 환자와 치료자가 사회적 역할과 마음의 프레임에서 본질적인 차이가 있는데 이에 대해 모레노 박사가 소홀히 하고 있지 않나 생각된다. 심리치료의 바탕인 텔레는 개인의 성격 구조와 사회적으로 이미 규정되어 있는 관례적인 상황 모두를 평가할 수 있어야 한다.

Jules H. Masserman: 모레노는 의사와 환자 간의 관계뿐만 아니라 다른 모든 인간관계에서 볼 수 있는 통찰적인 지각과 의사소통의 상호성, 즉 텔레에 대한 주의를 환기시켰다. 모레노의 이러한 노력은 대인 간의 영향에 대한 일반적인 역동을 재평가할 필요성을 제기한 중요한 접근으로 여겨진다. 심리치료는 이러한 역동의 단지 특수한 한 예일 뿐이다.

Earl A. Loomis: 모레노가 두 연인의 관계에 비유한 치료자-환자 관계에서의 전이와 역전이 예는 치료 상황에서 두 파트너 간에 기본적인 차이가 없음을 암시하고 있다. ……그렇더라도 도와줄 책임이 있는 것으로 여겨지는 사람은 엄연히 치료자이고 도움을 갈구하고 받고자 하는 사람은 환자다. 효과적으로 도움을 주는 상황에는 언제나 상호성과 상호 의존성이 존재한다. 하지만 각 파트너가 한 역할을 한다고 해서 그 역할 간에 차이가 없음을 의미하는 것은 아니다. 환자가 과거를 잘 요약하기 위해서는 치료자의 적절한 반응이 필요한데, 환자가 치료자의 이런 반응을 자극하고 촉발시키는 경향이 있음을 모레노가 덧붙였더라면 하는 생각이 든다.

Mary L. Northway: 텔레는 공기처럼 이전에도 있어 왔다. ……일단 그것을 지각했다면 텔레에 대한 연구 관심은 사이코드라마나 다른 특정한 기법에 국한되어 이루어져서는 안 된다. 우리가 가는 곳이면 어디에서든, 사회생활을 하는 곳이면 어디에서든 텔레에 관한 연구가 이루어져야 할 것이다.

W. Lynn Smith: 집단치료 연구는 다양한 변인이 관여하기 때문에 전이보다는 텔레와 같은 보다 포괄적인 개념이 필요하다. 그로부터 논리적으로 타당한 하위 현상들이 정의되고 관찰되고 측정될 수 있다.

Walter Bromberg: 역할연기에 관한 연구 자료는 치료관계, 즉 의사와 환자의 관계를 보다 투명하게 보도록 해 주고 사회적 삶을 더 조화롭게 가꾸는 데 기여할 것으로 여겨진다.

N. W. Ackerman: 대인관계 분석에는 과거 경험뿐만 아니라 현재 경험도 포함되어야 한다. 치료관계에 있는 두 사람의 실제 행동은 결과를 결정하는 데 비합리적인 무의식적 동

기만큼이나 중요하다.

이외에도 8명이 첫 강연에 대한 논평을 더 해 주었지만, 여기서 소개한 정도로도 주요 논평에 대한 개략적인 이해는 충분히 가능하리라 본다. 일부 비판적인 사람도 있었지만, 대부분은 집단치료 분석을 위해서 필요한 개념의 목록을 확장시키고자 하는 모레노의 노력을 지지하고 있다. 논평에 대한 6페이지 분량의 답변에서 모레노는 자신과 일치하는 사람의 글을 일부 인용하고 일치하지 않은 내용에 대해서는 주석을 달았다. 예를 들면, 그는 일부러 두 연인에 비유해서 환자의 역할을 다소 과장되게 기술했다고 주장했다. 그는 용어상의 혼란을 피하기 위해서는 세심하게 조직된 실험연구가 필요함을 거듭 강조하면서 답변을 마무리했다.

강연 2: 대인관계치료, 집단심리치료 및 무의식의 기능

모레노는 의식, 전의식, 무의식 등의 개념을 명료화할 필요가 있다고 했다. 하지만 그의 주된 관심은 대인관계치료와 '공동무의식' 을 밝히기 위한 사이코드라마 기법의 활용 가능성에 있었다. 제3자가 치료 상황에 들어올 때—예를 들면, 매우 구조화되어 있고 오래 지속되어 온 관계인 남편과 부인 두 사람을 치료할 때—대인관계치료가 필요하다. 이는 개인 및 집단 심리치료와는 차별화될 필요가 있는 특별한 범주다. 이런 상황에서는 저항을 해석할 때 개인의 심리와 무의식만을 고려해서는 안 된다. "몇 명의 무의식이 연동되어 있는 '공동무의식', 즉 보다 심층적인 현실의 존재를 가정해야 한다. 이 개념에 대해 논할 때, 모레노는 프로이트, 융, 아들러의 용어를 빌려 왔다. 독백, 역할바꾸기, 이중자아, 거울자아 같은 사이코드라마 기법은 개인의 무의식 과정뿐만 아니라 공동무의식도 밝혀 주는 방법으로 기술된다.

두 번째 강연에 대한 토론에서 12명 가운데 대부분의 토론자는 첫 번째 강연에 대한 그들의 논평을 반복했다. 두 번째 강연에서 새롭게 언급된 논평을 중심으로 소개하면 다음과 같다.

> Louis Cholden: 모레노가 기술하고 있는 것은 대체로 무의식이라기보다는 개인 내부에 숨겨져 있지만 언젠가는 의식적인 자각이 가능한 측면으로 여겨진다. 그리고 그런 측면은 반드시 타인과의 생생한 관계 속에서 확인된다.
>
> W. Lynn Smith: 영혼 내 그리고 영혼 간의 현상 모두를 보다 포괄적으로 이해하고자 하는 모레노의 노력은 아직 탐구되지 않은 영역이다. 상호과정 연구의 적절한 통일성은 연구되는 문제에 따라 다르다. 그것은 개인, 커플, 집단이 될 수 있다.

Robert James와 W. Lynn Smith: 공동무의식 개념은 대단한 것이다. 하지만 융이 부모와 자녀의 무의식 사이에 일어날 수 있는 유사성에 관한 비슷한 현상에 이미 관심을 가졌다.

Wellman J. Warner: 여러 생각을 융화시켜 심리치료에 대한 단일한 체계의 이론을 만들려는 모레노의 시도는 실로 대단하다. 심리치료가 다루는 정신병리 현상이 사회에 기원을 두고 있고 사회적 치료를 필요로 하기에 모레노의 이런 노력은 필요하다. 모든 심리치료는 집단심리치료다. 집단역동에 대한 이해는 의사-환자 이자관계 치료는 물론이고 보다 큰 집단을 치료할 때도 필요하다.

5페이지 분량의 그의 답변에서 모레노는 자기 생각을 지지하는 토론자의 논평을 다시 인용했다. 모레노는 그들의 논평을 강연에서 중요하게 다루지 못했던 일부 개념을 명료화하는 데 사용했다. 예를 들면, 역할연기는 가상의 상황에서 의사와 환자가 자신의 역할을 '연기' 하기로 선택하는 것을 의미하는 것이 아니다. 환자는 실제 문제를 갖고 있으며 의사는 도움을 주려고 노력하는 것이다. 연할연기의 타당성에 대한 검증은 실존한다. 실존적 타당성은 과거에서 확인하거나 미래를 예언해 줄 필요 없이 지금-여기의 당면한 상황에서 타당화되어야 한다.

강연 3: 치료 형식의 중요성과 심리치료에서 행동화의 위치

세 번째 강연에서 모레노는 프로이트와 정신분석의 역사에 대해 간략히 언급하고 Breuer 박사가 다루었던 O양의 행동화 문제를 자신이 어떻게 다룰지를 소개하면서 사이코드라마의 주요 요인에 대해 기술하였다. 여기서도 그렇고 다른 글에서도 보면, 모레노는 관객의 주의가 흩어진다 싶으면, 실제적인 혹은 이 경우처럼 자기가 직접 실시한 사이코드라마를 소개함으로써 관객의 주의를 다시 집중시켰다. 그리고 결국 모든 사이코드라마가 행위방법이고 사이코드라마 이론이 글보다는 행위를 통해서 가장 잘 이해될 수 있음을 관객에게 상기시켜 주곤 하였다.

모레노에 따르면 프로이트는 무대를 사용하는 사이코드라마와는 달리 장의자를 사용했으며, 이를 통해서 자신을 상황에서 벗어나 있는 객관적인 과학자로 여기고 환자보다 우위에 있게 했다. 프로이트는 환자의 행동화를 피하기 위해서 최면을 포기하고 자유연상법을 사용하였다. 모레노는 분석적인 작업 형태가 잘 맞는 치료자와 환자가 있으며 연극적인 접근이 잘 맞는 사람이 있음을 시사했다. 사이코드라마는 주인공에게 중요한 사람이나 대상의 역할을 해 줄 보조치료자를 치료에 이용한다. 주인공은 이 보조자에게 실제 감정을 표현하도록 격려되며, 이로 인해 사이코드라마 디렉터를 향한 전이 가능성은 줄어들게 된다. 통제된 상황에서 꿈과 감정을 행동으로 시연함으로써 그 내용은 분석이 더 용이해지며, 일상생활 장면에서 부적절하게 행동화될 가능성도 줄어들게 된다.

세 번째 강연에 대한 토론을 도입할 때, 모레노는 정신과 의사, 심리학자, 사회학자 그리고 자신을 포함해서 8명이 참여하는 집단 회기를 거론하면서 그들이 실제로 같은 토론에 참여하고 있는 것처럼 언급하였다. 하지만 그들의 기여 중 일부는 꽤 형식적인 기여에 그쳤으며, 그들은 쓰인 강연 원고에 따라 반응하고 있는 것처럼 여겨졌다. 세 번째 강연의 주요 초점이 행동화였지만, 그들 중 일부는 계속해서 텔레와 전이에 대해서 얘기했다. 또한 모든 강연 내용을 한꺼번에 받았지만 토론자 중 일부는 대부분 첫 번째 강연에 대해서만 논평했다. 여기에서는 세 번째 강연에 대한 논평만 실을 계획이었으나 불행하게도 7명의 토론자 중 누구도 행동화에 대해서는 언급하지 않았다.

그럼에도 불구하고 모레노는 자신의 접근을 인정하는 논평을 주목해서 답변하였다. 그의 생각을 아들러의 것에 비유하는 논평에 대한 반응으로, 그는 자신은 프로이트의 추종자가 아니며 그 누구의 추종자도 아님을 상기시켜 주었다. "나는 심리치료와 사회과학의 세계에 나 자신의 영역을 새롭게 창조해야 했다. 아들이 되기에 앞서 먼저 아버지가 되어야 했다. 그것이 내가 일찍부터 아버지가 된 이유다."

강연 4, 5, 6

네 번째 강연에서는 제르카와 모레노가 그들의 아들 조나단을 '자발적인 인간'으로 키우기 위해서 실시했던 역할바꾸기와 사회과학자인 P. A. Sorokin, Read Bain, Jiri Nehnevajsa, Robert R. Blake 등의 논평에 대해 기술한 논문을 소개하였다.

다섯 번째 강연에서는 자신을 아돌프 히틀러라고 생각하는 한 남자가 주인공인 사이코드라마를 Jiri Nehnevajsa의 논평과 함께 소개하였는데, 이것은 『심리치료의 발전(*Progress in Psychotherapy*)』(Fromm-Reichmann & Moreno, 1956)에서 재인용된 것이다.

여섯 번째 강연에서는 실존주의와 사이코드라마에 대한 Medard Boss, Jiri Nehnevajsa, Jiri Kolaja 등과의 토론을 함께 다루고 있다. 모레노가 보기에 사이코드라마는 순간의 실존에 대한 주관적인 이해를 강조하는 실존주의자와 객관적인 기준을 강조하는 경험적인 과학자 간에 가교 역할을 한다. 사이코드라마의 모든 회기는 참여자를 위한 독특한 경험이기 때문에, 개인 및 집단 심리치료 작업의 심층적인 타당화는 일반화나 예언을 위해서가 아니라면 굳이 요구되지 않는다. 치료 경험이 참여자에게 타당하고 자기 긍정

(실존적 타당화)의 가치를 가진다면, 과학적 타당화라는 것은 적어도 참여자에게는 별 의미가 없을 것이다. 하지만 과학적 타당화와 실존적 타당화는 서로 배타적인 것이 아니며 연속선상에서 이해될 수 있다.

모레노는 사이코드라마와 정신분석을 대비시켜 요약한 내용을 책에 추가했다. 그는 심리치료의 모든 방법의 기저에 흐르는 기본 원칙은 전이가 아닌 텔레가 포함된 만남이라고 주장했다.

Moreno의 문제에 대한 비판

『누가 살아남을까?』(1934) 초판이 몹시 서툴게 쓰인 이유에 대해서 질문을 받았을 때, 그는 그 책의 모든 면에 자신의 지문을 남겼기 때문에 그 책을 자기 혼자 쓴 것이 틀림없다고 농담 섞인 대답을 했다. 하지만 그는 그 책의 집필에 적어도 세 사람이 관여한 걸로 기억했다(Moreno, 1953l: lxxxvii). 그는 공동연구자로 Helen Jennings를 언급했지만, 그 증거를 제시할 때 Helen Jennings에 의해 쓰인 부록 형태의 세 글이 1934년판에 실려 있다고 지적하는 것을 간과했다. 그중 첫 번째 것인 '아동집단에 대한 조사'는 1953년판에는 인용 없이 실렸다(1953: 175-202).

모레노의 글을 완전히 이해하기 위해서 우리는 그의 역할바꾸기 방법을 적용해야만 한다. 누군가에게 모레노의 글을 해석해 주기 위해서는 이중자아에 의한 모레노의 자기소개 기법을 활용할 수 있다. 그가 제시하는 자료에 대한 그의 생각을 언어화하고 서로 연결성이 없어 보이는 부분들 간에 연결을 시켜야 한다. 모레노가 옹호했던 익명성을 우리는 흔히 '누군가(one)' ('당신' 도 아니고 '우리' 도 아닌)라고 표현한다. 하지만 모레노에게서 익명성은 그것이 모든 사람의 행동일 수 있고 또 그래야만 한다는 것을 의미한다. 모레노에 따르면 이상적으로 모든 사람은 다른 모든 사람의 촉진자가 될 수 있다. 그래서 모든 사람은 자발적이 될 수 있으며 자신의 창조적 잠재력을 실현할 수 있다.

보통의 글은 계량사회학과 사이코드라마의 진취적인 정신을 제대로 표현하는 데 한계가 있다. 모레노는 유일한 현실은 그 순간의 경험, 사회 현실에 대한 공동 창조자가 되는 경험뿐이라고 믿었다. 사이코드라마는 일종의 재창조 방법이다. 처음 했던 것에 만족하고 머물기보다는 거기에 더 많은 자발성과 창조성을 부여해서 다음 것을 만들어야 한다. "모든 두 번째 것은 첫 번째 것으로부터 자유로워야 한다." 사이코드라마를 충분히 이해할 수 있는 유일한 방법은 직접 그것을 경험하는 것이며, 계량사회학적 원리에 기반한 공동체를 충분히 이해할 수 있는 유일한 방법은 그런 공동체를 창조하는 데 일조하는 것이다. 그러나 '그때 그곳에(there and then)' 항상 있을 수 없기 때문에, 때로 우리는 '지금 여기에서(here and now)' 라는 단어를 사용해서 그 경험을 전하려고 노력한다.

글 쓰는 양식 중에서 과학적인 논의 표현은 가장 공식적이고 문화적인 영향을 적게 받는 반면에 순간의 정신을 포착해서 적절히 표현하기에는 가장 어렵다. 그보다 은유와 비유를 많이 사용하는 문학적인 형식이 순간의 정신을 포착하는 데 더 용이하다. 모레노 글의 상당 부분이 이런 형식을 취하고 있다. 굳이 얘기하자면 모레노의 글은 굵은 붓 터치와 색을 대비시켜 가면서 사물을 묘사하듯이 쓴 시와 같다고 표현할 수 있다. 아이디어 간의 연결성은 흔히 분명히 제시되지 않고 함축적으로 제시되며, 아이디어를 서로 연결 짓는 것은 독자의 직관력, 통찰력, 공감력, 문화적인 천성 등에 달려 있다.

모레노의 글을 접하는 독자는 논리적인 논의보다는 자발성을 우선시한 그의 문체에 당황해하고 겁먹곤 한다. 이와 관련하여 Shaffer와 Galinsky(1974: 111)는 다음과 같이 표현했다. "그는 방대한 저술을 남겼지만 표현의 명료성과 직접성은 부족하다."

Meyer(1952: 359)는 죽음의 사회원자에 대한 모레노의 주장(Moreno, 1951b)에 대해 논하면서, "안타깝지만 불행하게도 계량사회학 이론을 사회관계 분석에 적용한 이와 같은 시도는 잘 통합되어 보이지 않는다."고 언급했다. Meyer는 모레노의 전체 논문집에 대해서 다음과 같이 기록하고 있다. "이 책은 모레노가 계량사회학이라고 불렀던 접근, 이론, 방법론에 대한 체계적인 소개를 간절히 기대했던 독자에게 실망을 안겨 줄 것이다."(1952: 355) 『누가 살아남을까?』 개정판(1953)에서는 체계적인 기술을 기대했지만, 유감스럽게도 모레노는 조직화된 책을 쓰지 못했다고 Meyer는 덧붙였다. Helen Jennings와 함께 수행한 연구에 기초한 『누가 살아남을까?』 초판(1934)을 제외한 그의 모든 책은 주로 논문을 재인용해서 엮은 것이었다.

『누가 살아남을까?』(1953)가 출판된 후에 Warner는 *British Journal of Sociology*에 이 책을 소개하였다. 그는 1934년에 쓰인 이 초판이 중요한 책이며 그 다음 판도 여전히 중요한 책이라고 언급하였다. 이어서 그는 독자에게 다음과 같은 주의를 당부했다.

> 먼저 『누가 살아남을까?』가 전통적인 연구 소개서에서 볼 수 있는 잘 정리된 짜임이 부족한 것은 분명하다. 이 책은 명제를 던지고 이에 대해서 군더더기 없이 논리적으로 파헤쳐 가는 체계적인 연구서는 아니다. 그보다는 매우 사적인 기록에 가깝다. 이 책은 반평생 동안 썼던 글을 모아놓은 것으로서 기술, 해설, 논평 등의 다양한 글이 변론, 신앙고백, 논박,

> 사례 개인력, 임상가의 관찰, 이론적 개념 구성 등의 형식을 빌어서 소개되고 있다. 전체적으로 볼 때 자서전적 입장에서 옹호와 반박의 글을 실은 것이라고 할 수 있다. 이 책은 깔끔하게 정리되지 않은 학술서를 싫어하는 전문가에게는 큰 실망을 안겨 줄 것이다(Warner, 1954: 228).

그러나 Warner는 1974년에 모레노를 기념하기 위해 마련된 자리에서 'J. L. Moreno—우주적 인간' 이라는 제목하에 다음과 같은 내용을 발표하였다.

> 예전의 웃지 못할 사건 하나를 얘기하고 싶습니다. 20년 전에 당시 영국 사회심리학회 회장이었던 Morris Ginsberg는 *British Journal of Sociology*에 실을 것이라며 당시 새롭게 관심을 받던 모레노의 『누가 살아남을까?』에 대한 평론을 제게 부탁하였습니다. 그래서 글을 쓰기 시작하여 거의 20페이지에 달하는 글을 썼습니다. 그리고 저는 글이 발표용으로는 너무 길지 않나 하는 생각을 하며 Ginsberg에게 원고를 보냈습니다. 회신에서 Morris는 제 글을 단순한 평론이 아닌 후속 논의를 위한 선도논문으로 싣고 싶다고 말했습니다. 그러면서 원고에서 마지막 문단은 빼 줄 것을 요청하였습니다. 저는 썩 내키지는 않았지만 동의했습니다. 하지만 그때 저는 그 전체 원고를 모레노에게 가지고 갔습니다.

그는 마지막 문단까지 몰두해서 읽고 나서는 그 특유의 호쾌한 웃음을 보이며 만족하여 손뼉을 쳤습니다. 제가 Ginsberg가 마지막 문단을 빼고 싶어 한다고 전했더니, 그는 "왜 그러지? 맞는 말인데."라고 크게 말했습니다. 저는 그때 싣지 못했던 마지막 문단을 소개하고 싶습니다. 왜냐하면 그 부분이 오늘 제가 말하고 싶은 내용을 잘 담고 있기 때문입니다.

그 내용은 다음과 같습니다. "독자에게 위험스러우면서도 매력적으로 다가오는 것은 본질적으로 자서전적인 기록인 이 책에 나타나 있는 인간상이다. 그가 하는 역할은 따로따로였던 비일관적이고 모순된 것을 헤집고 다니는 것이다. 실험실의 연구자에게는 시인에게서 볼 수 있는 폭넓은 직관을 갖게 해 주었고, 건조한 실험자에게는 종교적 신념을 갖고 헌신적으로 몰입하게 도왔으며, …… 자신을 무시한 것 때문에 분개하는 사람에게는 타인에게 진 빚을 인정할 수 있는 관대함을 갖게 해 주었고, 천재인 양 스스로 우쭐해하는 사람에게는 자신의 거만함을 유머로 비꼴 수 있는 겸손함을 갖게 해 주었다. 그의 문하생이 그에게 열렬한 애착을 보이는 것과 그를 잘 모르는 사람이 그에게 심한 반감을 보이는 것은 놀랍지 않다."

5 Jacob Levy Moreno의 전반적 영향

Moreno가 소집단, 조직, 공동체, 집단치료의 한 형태인 사이코드라마 등에서 대인관계를 측정하는 한 방법으로 계량사회학을 소개한 지 60여 년이 지났다. 모레노에게 사이코드라마 디렉터 훈련을 받은 사람이 다른 사람을 훈련시켰으며, 현재는 5세대 사이코드라마 디렉터가 훈련을 받고 있다. 사이코드라마는 미국을 비롯해서 캐나다, 유럽, 남아메리카, 호주, 이스라엘 등 여러 나라로 전파되었다. 어떤 형태가 되었건 사이코드라마를 활용하고 있는 전문가는 어림잡아 5천에서 1만 명에 이를 것으로 추정된다.

대조적으로 계량사회학은 1940년대와 1950년대에 절정을 이루었다. 계량사회학이라는 표제로 이루어지는 대인관계 선택에 관한 연구는 오늘날 사회심리학 문헌에서는 거의 자취를 감추었다. 대인관계 선택이라는 주제는 '친밀한 관계' 라는 표제로 관심이 계속 유지되고 있다. 소시오드라마는 모레노나 그의 추종자에 의해 충분히 발전되지 못했다. 소시오드라마와 즉흥극과 관련성이 일부 있는 '재생극(Playback Theater)' 이 유명한데, 이는 드라마의 한 형태로 제르카의 학생이었던 Jonathan Fox가 만든 것이다. 재생극에서는 한 팀의 배우(모레노의 용어로는 보조자)가 관객이 제안한 생각, 감정, 사건을 무대 위에서 연기한다(Salas, 1993; Fox, 1995).

모레노가 미친 영향을 전반적으로 살펴볼 때, 공연예술로서의 사이코드라마를 특히 주목할 필요가 있다. 사이코드라마에는 다른 공연예술처럼 음악, 춤, 해프닝이 포함되어 있으며 참여하는 배우와 관객에게 주로 영향을 미친다. 참여자는 카타르시스와 통찰을 경험하는가? 공연 참여가 타인과의 관계에 변화를 주는가? 그 대답은 배우와 관객의 경험을 직접 들어봐야 알 수 있을 것이다. 사이코드라마에서 우리는 특히 주인공, 보조자, 디렉터에게 관심이 있다. 불행히도 우리는 이에 대한 기록을 많이 갖고 있지 않다. 게다가 그 순간의 자발적인 만남을 최우선으로 여겼던 모레노는 이론이나 방법에 대해 형식적인 글을 남기는 것을 중요시하지 않았다. 모레노의 작업에 대한 대부분의 평가는 자신이 한 것으로 공연에 참여한 사람의 관찰과 평가에 기초한 것은 없다. 그렇지만 음악, 그림, 춤, 연극 공연의 대가와는 달리, 우리의 평가는 공연 당시의 그의 작업에 대한 것뿐만 아니라 다른 사람에 의해 계승되어 발전될 수 있는 사상과 행위의 학파를 형성한 것에 대해서도 이루어져야 한다.

계량사회학은 또한 모레노에 의해 사용된 행위방법이다. 비록 지필 작업이 소시오그램의 자료수집에는 관여할 수 있지만, 선택은 행위의 근거가 되는 기준에 따라 이루어져야 한다고 모레노는 강조했다. 그는 집단, 조직, 사회가 계량사회학적 자료에 기초해서 재구조화되지 않는다면 그것은 계량사회학을 제대로 한 것이 아니라고 주장했다. 따라서 우리는 다시 개인과 집단에 대한 계량사회학적 재조직화의 효과에 대한 증거를 찾아볼 필요가 있다. 하지만 많은 문헌이 계량사회학적 재조직화의 효과보다는 계량사회학적 도구의 신뢰도와 타당도에 대한 표준적인 질문을 다루는 데 그치고 있다. 게다가 계량사회학적이라고 이름 붙어 있는 많은 연구가 좋아하는 사람을 선택하라고 단순히 묻기만 했을 뿐 그 기준을 구체화하고 있지 않아, 모레노의 관점에서 보자면 '계량사회학에 가까운' 연구에 그쳤다. 계량사회학은 교사, 사회복지사, 군 인사계가 일하고 있는 집단의 사회적 연결망을 시각화하는 데 분명 도움이 되었다. 하지만 그 방법이 너무 단순하다 보니 많은 사람이 그것을 사용하였고 많은 연구가 그 방법이나 그 효과에 대한 적절한 기술 없이 발표되었다. 그 결과로 원자료에 대한 이차적 분석이 어렵게 되었다.

우리는 이 장에서 먼저 계량사회학과 사이코드라마의 동시대적 활용과 집단심리치료 발전에 대한 모레노의 공헌을 소개하겠다. 이어서 1950년대에 쓰인 그의 작품에 대한 두 개의 평론을 인용하고 오늘날 계량사회학의 적용을 살펴보아, 역할의 중요성에 대한 강조와 계량사회학을 통해서 모레노가 사회심리학과 집단심리치료에 기여한 바를 기술하고자 한다. 우리는 이 장을 추도문으로 쓴 세 개의 사설을 발췌하면서 마무리할 것이다. '맺음말' 은 모레노 사후에 쓰인 것이고 일부 글은 기념행사에서 발표된 것이다.

계량사회학의 영향

모레노가 계량사회학적 검사를 소개한 이후에 이 방법은 매우 인기를 끌었는데, 1950년과 1970년 사이에 계량사회학적 혹은 준계량사회학적 검사를 사용한 수천 편의 논문이 발표되었다. 이에 대한 자세한 연구방법과 그 결과에 대해서는 다음의 문헌을 참고하면 된다: Glanzer와 Glazer(1959), Moreno 등(1960), Bjerstedt(1963), Borgatta(1968), Lindzey와 Byrne(1968), Bramel(1969), Byrne와 Griffitt(1973), Hare(1958), Hale(1985), Hare 등(1994).

1970년대와 1980년대에도 친교집단에 대한 관심과 공식적인 조직에서 호감의 기저 흐름에 대한 관심은 계속되어 왔으나, 더 이상 계량사회학이라는 표제를 쓰지는 않았다. 주로 대학에서 연애나 약혼 관계에 있거나 기혼인 남녀를 대상으로 실시된 연구는 친밀한 유대를 형성하는 과정에 초점을 두고 있다. 오늘날 그런 연구 영역은 '친밀한 관계'로 명명된다(Kelley et al., 1983; Levinger, 1980). 친밀한 관계는 두 사람이 기꺼이 자기 노출을 할 수 있는 관계다. 친교집단의 기능은 오늘날 지지집단이라는 표제로 연구된다.

그러나 1980년대 말에 계량사회학에 대한 관심을 새롭게 일으키고자 *Journal of Group Psychtherapy Psychodrama and Sociometry*에 관련 논문들이 발표되었다. Hart(1987)는 경력개발과 집단유형학 분야에 현대 계량사회학을 적용하고 계량사회학 자료 분석에 컴퓨터 프로그램을 사용한 것을 소개한 특집호의 편집을 맡았다. 또한 Mendelson(1989)은 학회지의 다른 호에서 계량사회학에 대한 '계량사회학적 전망'을 강조하면서 작업장 내 행위과학으로서의 계량사회학에 대해 언급하였다. 그는 계량사회학자가 분석가이자 치료자로서 산업체 내의 집단 간 변화를 촉진시켜야 한다고 독려했다. Blake와 McCanse(1989)는 계량사회학이 특히 경영과 인적자원 전문가에 의해 사용될 때 많은 새로운 가능성이 열려 있음을 언급함으로써 계량사회학에 대한 재발견을 시도하였다.

Remer(1995)는 '약한' 계량사회학이 아닌 보다 '강력한' 계량사회학이 되어야 함을 강조했다. 강력하다는 것은 선택이 단순히 선호를 알아보기 위해서 수집되는 것이 아니고 행동으로 실천되어야 한다는 것이다. Remer에 따르면 강력한 계량사회학의 가치는 효과적인 집단을 만드는 것보다는 개인이 선택을 통해 텔레를 경험할 수 있도록 웜업시키는 데 있다. 그는 계량사회학이 자기 지식과 자신에 대한 내적인 통찰 그리고 심리세계에 대한 통찰을 증진시키기 위해서도 적용될 수 있다고 하였다.

허드슨 직업여학교에 관련된 모레노의 업적을 보면, 그가 우정에 관한 대부분의 중요한 측면에 대해서 이미 연구를 시작했음을 알 수 있다. 예를 들면, 교제검사 개발에서 알 수 있듯이 그는 친구관계와 단순한 친분관계를 구분할 필요가 있음을 알고 있었으며, 그의 동기 분석에 나타난 것처럼 선택의 기저 동기를 이해하려 하였다. 그리고 두 개인의 상호작용 양상을 나타내는 도표를 그렸던 것처럼 시간에 걸쳐 변하는 서로에 대한 관여 정도를 그래프로 나타내고자 했다.

모레노는 계량사회학적 검사를 포함한 어떤 검사도 상호작용의 최종 산물만을 드러내 줄 뿐 상호작용 자체를 드러내 주지는 못한다고 분명히 못박았다. 그는 과정에 더 관심이 있었다. 그는 또한 한 개인과 여러 타인 사이에서 실제로 벌어지는 일을 살펴보기 위한 한 방법으로 자발성 검사를 개발했다. 이런 절차는 좀 더 단순화된 형태로 역할연기에 관한 오늘날의 연구에서 찾아볼 수 있으며, 친밀감 수준이 다른 피검자가 어떤 주제에 대해 토론하거나 공동과제를 수행하는 것이 관찰되는 실험실 실험에서도 찾아볼 수 있다.

모레노는 많은 흥미로운 검사를 개발하는 것 이상의 기여를 했다. 허드슨 직업여학교 연구에서 그가 세웠던 목표가 공동체의 계량사회학적 재구성이었음을 기억할 필요가 있다. 신입 여학생이 입교검사에서 퇴교검사에 이르기까지 다양한 상황별 검사를 받았다면, 그녀는 역할연기에 친숙해졌을 것이고 모레노가 그녀의 허드슨에서의 생활을 가능한 한 생산적이게 하기 위해서 노력하고 있다는 사실을 알았을 것이다. 그녀는 자신과 자신의 사회원자가 중요하다는 메시지도 충분히 전달받았을 것이다. 더불어 그녀는 상호작용할 때 상황별, 사람별로 자기 행동을 적응시켜 가는 방법도 새롭게 배웠을 것이다. 처음 직업학교에 보내졌을 때는 부족했던 사회기술을 새롭게 학습했을 것이다.

기숙학교, 정신병원, 교도소, 그 외의 폐쇄된 공동체에서 사회적 혹은 심리적 서비스를 제공하는 누구든 모레노의 글을 다시 읽어 보면 많은 도움이 될 것이다. 또한 일하는 장면에 적용해 볼 수 있는 사회적 관계에 관한 검사들을 접할 수 있을 뿐만 아니라 공동체 내의 사회적 구성을 새롭게 함으로써 개인의 창조성을 향상시키고자 하는 모레노의 전체적인 접근에 매료될 것이다.

사이코드라마와 집단치료

모레노의 많은 아이디어와 기법은 '인간의 잠재능력 개발 운동' 으로 이어졌고 다양한 '행위' 치료를 낳았다. 예를 들어, 현대 게슈탈트 치료 접근의 창시자인 Fritz Perls는 '빈 의자 기법' 을 그의 주요 기법으로 사용하였다. Eric Berne(1970: 1964)은 Perls 역시 다른 '활동 중심적인' 심리치료자처럼 '모레노 문제, 즉 활동기법으로 알려진 거의 모든 것이 사이코드라마에서 모레노에 의해 처음 시도되었으며, 그래서 이와 관련해서 독창적인 아이디어를 더 낸다는 것이 어렵다는 사실' 을 인정하고 있다고 언급했다. 인본주의 심리학의 선구자인 Abraham Maslow(1968)도 이와 유사한 지적을 하였다. "당연히 인정해야 할 공에 대해서 좀 더 얘기하고 싶다. 많은 기법이…… 모레노 박사에 의해서 최초로 만들어졌다." 참만남 운동의 선구자인 Will Schutz(1971: 108)는 "내가 모아 사용하거나 고안했던 거의 모든 방법이 사실은 40년 전에 모레노에 의해 처음 시작된 것으로 여겨진다."라고 기술했다.

집단치료 조직과 집단치료 학술회의를 활성화시킴으로써 모레노가 집단심리치료에 기여한 바에 대해서는 1장에서 그의 생애를 다루면서 이미 소개하였다. 그리고 사이코드라마를 창시함으로써 그가 기여한 바에 대해서는 3장에서 그의 임상적인 공헌을 다루면서 언급하였다. 사이코드라마에 대한 그의 공헌은 Guldner에 의해 편집된 대학교육과 청소년을 위한 사이코드라마 기법의 적용에 관한 *Journal of Group Psychtherapy Psychodrama and Sociometry*(1990a, 1990b) 특집호에서도 찾아볼 수 있다.

많은 집단심리치료 교재와 관련 전문서적에 사이코드라마를 소개하는 장이 포함되어 있다. 그중 일부는 모레노가 직접 쓴 것이며(Moreno 1955a, 1957a, 1959b, 1967), 일부는 제르카 모레노가 나중에 쓴 것이다(Moreno, 1978, 1983). 또한 모레노는 집단심리치료를 다룬 논문집과 안내서를 편집하기도 했다(Fromm-Reichmann & Moreno, 1956; Massreman & Moreno, 1957-1960; Moreno, 1945a; Moreno et al., 1966). Fox(1987)는 모레노의 글을 모아서 『모레노의 진수(*The Essential Moreno*)』라는 책을 출판하였다. Ann Hale은 모레노와 나눈 대화에 기초해서 『누가 살아남을까?』 1953년판을 763페이지에서 325페이지로 줄여 '학생판' 을 출판하였다(Moreno, 1993).

모레노의 학생 그리고 그들의 학생은 사이코드라마, 소시오드라마, 계량사회학에 관한 많은 글을 남겼다. 그 글들은 흔히 기존의 접근과 사회적 상호작용에 관한 자신의 이론이나 다른 치료 접근에서 빌려 온 개념을 결합시키거나 특정 집단에 초점을 맞추고 있다(Blatner, 1973; Blatner & Blatner, 1988; Fuhlrodt, 1990; Goldman & Morrison, 1984; Greenberg, 1974; Hale, 1985; Haskell, 1975; Holmes & Karp, 1991; Holmes et al., 1994; Kellermann, 1992; Kahn, 1964; Kipper, 1986; Leveton, 1977; Rabson, 1979; Starr, 1977; Sternberg & Garcia, 1989; Williams, 1989; Yablonsky, 1976).

Shaffer와 Galinsky는 『집단치료와 민감성 훈련 모델(*Model of Group Therapy and Sensitivity Training*)』의 서두에서, 엄격한 역사적 의미에서 볼 때 사이코드라마는 현존하는 가장 오래된 모델이라고 언급하였다(1974: 7).

> 대체로 사이코드라마의 영향은 정신분석적 및 경험적 모델에 비해 명확하지 못하고 광범위하게 흩어져 있는 감이 있다. 그 방법의 가장 큰 영향은 대개 '역할연기'라고 불리는 기법을 만든 것으로, 이는 다양한 절차와 결합해서 집단 리더에 의해 널리 이용되고 있다(1974: 8).

모레노가 가장 강조했던 것은 행위, 공감적 동일시, 카타르시스였다. 관객은 주인공과의 공감적 동일시를 통해서 도움을 받으며, 보조자아 역할을 함으로써 주인공을 돕기도 한다.

주인공에 대한 사이코드라마의 초점을 다른 형태의 집단 심리치료와 비교할 때, Shaffer와 Galinsky는 "거의 모든 집단 상호작용 모델이…… 특정 구성원이 단기간 동안 중심이 되고 나머지 구성원은 그에게 초점을 두는 시나리오를 갖고 있기 때문에 사이코드라마가 독특하지는 않다."고 제안하였다(1974: 8). 그러나 모든 사람이 이에 동의하는 것은 아니었다. Walton은 소집단치료에 관한 그의 논문집에서, "환자는 도움을 받아 자기 삶의 문제와 타인과의 개인적인 갈등을 무대 위에서 행동으로 표현한다. ……그런 사이코드라마는 집단치료는 아니다."라고 언급하였다(1971: 17). 그러나 사이코드라마 전문가가 보기에 집단치료의 한 형태로서 사이코드라마의 가치는 의심의 여지가 없다. 사이코드라마를 개관하면서 Blatner가 내린 다음의 결론이 그 대표적인 것이다(Blatner & Blatner, 1988: 9).

> 요약하자면, 사이코드라마 과정은 그것이 다루고 조작하는 삶의 다양한 측면 때문에 몹시 복잡하다. 하지만 사이코드라마의 본질은 비교적 단순하다. 즉, 환자가 자신의 상황을 가능한 한 생생하게 경험하도록 돕고, 입 밖으로 나오지 못했던 생각이 표현되도록 도우며, 집단 구성원이 서로를 돕도록 격려하고, 환자가 삶의 여러 가지 도전에 맞서 자신의 창조성

을 개발하고 사용하도록 돕는 것이다. 사이코드라마는 역동적인 심리치료의 원리를 활성화시키는 폭넓은 방법론을 갖고 있다.

모레노 사후에 사이코드라마 전문가 조직은 권력이 집중되기보다는 민주적으로 분산되었다(Blatner & Blatner, 1988: 27). 모레노가 1942년에 창설한 미국 사이코드라마 집단심리치료협회(American Society for Group Psychotherapy in Psychodrama: ASGPP)는 보다 전문화되어 갔다. 1975년에는 미국 사이코드라마, 계량사회학 및 집단심리치료 자격관리위원회(American Board of Examiners in Psychodrama, Sociometry, and Group Psychotherapy)가 임상활동가와 수련생을 관리하고 자격을 부여하기 위해서 설립되었다. 그리고 1976년에는 사이코드라마 수련생 및 수련 프로그램 연맹(Federation of Trainers and Training Programs in Psychodrama: FTTPP)이 다양한 수련기관의 교육과정을 표준화하기 위해서 설립되었다.

사회심리학

1941년에 발표된 모레노와 George Herbert Mead의 이론을 비교한 연구와 1950년대에 발표된 모레노의 업적에 대한 두 개의 개관 논문은 그의 공헌이 동시대 지식인들 사이에 어떻게 이해되고 있는지를 가늠하게 해 준다. 모레노와 Mead의 비교에서 사회심리학자인 Leonard Cottrell과 Ruth Goodenough(1941)는 모레노가 Mead 이론의 기초를 형성한 사회행동 분석방법을 제공했다고 시사했다. 두 개관 논문은 모레노가 당시 대학원 수업을 맡고 있던 뉴욕대의 사회학 교수에 의해 쓰였다. 『계량사회학, 실험방법과 사회과학(*Sociometry, Experimental Method and the Science of Society*)』(Moreno, 1951b)에 실린 「모레노 박사의 계량사회학」이라는 제목의 개관 논문에서, Henry Meyer(1952)는 우리에게 계량사회학이 적어도 세 가지 상호 관련된 수준(즉, 삶의 지향, 사회이론, 연구방법)에서 이해되어야 함을 상기시켜 주고 있다. Wellman Warner(1954)는 『누가 살아남을까?』 제2판(1953)의 출판을 계기로 모레노의 업적을 정리하면서 사회학과 정신의학의 관계에 관한 글을 썼는데, 모레노 이론이 역할을 맡고 있는 한 사람으로서의 개인이 새로운 대인관계 현실을 창조하기 위해서 사회 지각을 어떻게 통합해야 하는지에 대해 말해 주고 있음을 강조하였다.

Mead의 이론과 모레노의 방법

Cottrell과 Goodenough(1941)는 George Herbert

Mead(1950)의 사회심리학이 이 분야에서 지금까지 발표된 이론 중에서 가장 포괄적이고 가치 있는 이론이라고 평했다. 모레노의 사이코드라마 방법은 Mead가 행동 역할 차원을 구체적으로 탐색하는 것을 가능하게 해 주었다. 다른 형태의 치료에서는 부분적이거나 상징적인 시연에 그치지만, 사이코드라마의 주인공은 전체 행동을 시연할 기회를 가지기 때문에 두드러진 카타르시스 효과를 경험할 수 있다. 게다가 보조자아의 활용은 관찰자로서의 분석가의 기능을 없애 주었다. 드라마 진행은 상호 참여적으로 이루어지기 때문에 환자를 포함한 누구라도 설명에 참여할 수 있다. Mead는 모레노가 도입한 실험적 기법을 그의 사회심리학 이론에도 폭넓게 사용하였다. 모레노는 상호작용 맥락을 제공해 주는 사회행동과 사회적 상황을 구체화시켰다. 그래서 두 사람의 연구 결론은 서로 보완되고 서로의 기여를 확장시킬 수 있었다. 특히, Mead의 이론은 수정 · 보완되면 역할 수행과정의 전망뿐만 아니라 병리까지도 설명할 수 있다.

모레노의 계량사회학

Meyer는 모레노가 31개의 그의 논문과 기사, 강연 원고를 묶어 1951년에 펴낸 책에 대해서 기술하면서, 모레노 박사가 계량사회학의 근본적인 타당성과 인류를 위한 그것의 절대적인 필요성을 모든 사람에게 설득하기 위해서 계속해서 싸우고 있다고 언급한 바 있다(Meyer, 1952: 354). 1951년 책에서 계량사회학의 이론과 방법론에 대한 체계적인 기술을 기대했던 사람은 실망했을 수도 있지만, 이 책은 계량사회학이 특별한 연구기법을 묶어 놓은 것 이상의 것임을 독자에게 상기시켜 준다. 계량사회학은 삶의 지향, 사회이론, 연구방법을 결합시키는데, 모레노는 이 세 가지를 자신의 전체주의적인 관점에서 완벽하게 통합시켰다.

Meyer에 따르면, 첫 번째 계량사회학은 삶에 대한 철학이다. 계량사회학은 인간의 자발적이고 창조적인 힘에 대한 믿음과 이러한 힘을 관습과 문화라는 울타리에서 벗어나게 하고 싶은 소망에서 탄생되었다. 핵심 아이디어는 자발성이다. 자발성은 활력 있는 행동으로 드러나지만, 결코 완벽하게 겉으로 표현될 수는 없다. 계량사회학은 모레노가 살던 사회의 두 가지 기본적인 부적응 문제(기술문명의 파괴성과 인간신학(human theology)에서 보이는 신의 상실)를 다루려고 했다. 인간사회에서 존재하는 사회 구조 양상을 확인한 후에야 자연스러운 자발성이 표현될 수 있으며, 이는 숭고한 인간의 이상에 따라 인간관계와 관습을 재조직하는 것을 가능하게 해 줄 것이다.

이러한 사회적 재구성은 모든 사람이 참여해야 가능하다. 그러나 모레노는 다른 사람을 조정하려 하지 않았다. 사회연구자나 기타 참여자는 계량사회학 실험에 참여하는 다른 모든 사람들처럼 공동 연기자, 공동 참여자, 공동 과학자다. 모든 사람의 욕구에 민감할 수 있는 것은 웜업 과정 덕분이다.

Meyer에 따르면, 모레노의 두 번째 계량사회학은 사회에 관한 이론이다. 텔레에 기초해서 사람 사이의 끌림과 거부 그리고 사회원자와 심리적 연결망이 드러나는데, 이는 인간 사회의 구조다. 이러한 사회의 일차적인 수준은 계량사회학적이고 행위에 기반을 둔 절차를 통해서 드러난다. 이 계량사회학적 구조는 '외적인 사회' 인 이차적 구조만큼이나 실재적이며, 보다 많은 형식적인 집단 구성과 제도적 양상이 이들 위에서 만들어진다. 이런 수준들이 역동적으로 통합되고 해석된 것이 '사회 현실' 이다. 계량사회학적 수준과 외적인 사회의 차이는 부적응을 일으킬 수 있다. 모레노의 가설은 사회적 갈등과 긴장이 관료사회와 계량사회학적 매트릭스 간의 사회역동적인 차이에 직접적으로 비례해서 증가한다는 것이다(Meyer, 1952: 359). 안정적인 균형이 그 차이에 대한 해결책은 아니다. 왜냐하면 사람들 사이의 상호작용 과정에 작용하는 자발적이고 창조적인 힘이 새로운 계량사회학적 관계를 만들어 가는 지속적인 원천이기 때문이다.

세 번째 계량사회학은 연구방법이다. Meyer는 소시오그램, 행위 및 역할연기 검사 그리고 기타 기법들이 연구에서 널리 사용되고 있지만, 그런 기법적인 재간이 계량사회학적 방법의 본질은 아니라고 하였다. 계량사회학적 방법의 핵심은 연구자가 참여자가 되어 연구, 진단, 치료적/정책적 절차를 결합해서 하나의 과정으로 이끌어 가는 것에 있다. 모레노는 계량사회학의 이런 구상이 연구자를 피험자와 엄격히 분리하는 전통적인 과학적 방법에 배치되는 것임을 잘 알고 있었다.

개관을 마치면서 Meyer는 계량사회학 이론에 대한 보다 명확하고 체계적인 기술이 필요하며, 소개된 용어에 대한 구제적인 정의와 텔레, 자발성, 행위 연구 같은 기본적인 개념에 대한 보다 많은 설명이 있어야 한다고 언급하였다.

사회학과 정신의학

Warner(1954)는 『누가 살아남을까?』 개정판(1953)을 개관하면서 다음과 같이 언급하였다. "모레노는 행동을 부분으로 나누어 분석하는 것보다는 그 부분이 어떻게 통합되어 행동으로 나타나는지에 더 관심이 있었다." 여기서 행동의 기본은 종교적인 것이다. 개인은 상호작용 과정의 한 단위이고, 집단은 상호작용들의 집합이다. 따라서 사회학은 대인관계의 단위와 과정에 관한 연구라고 정의될 수 있다. 이런 맥락에서 보자면, 정신의학은 개인과 집단의 대인관계 문제를 해결하기 위해서 이런 지식을 적용하는 사회학의 한 지류라고 할 수 있다.

모레노 이론에는 행위에 대한 네 가지 중요한 측면이 있

다: (1) 역할을 하고 있는 개인인 행위자(actor), (2) 상황을 정의하기 위해서 웜업할 때 보이는 행위자의 관여(commitment), (3) 행위자가 상황에 온전히 몰입해서 시연하면서 그 상황에서 보이는 행동화(acting out)(모레노의 현실 원리), (4) 행위는 과거나 미래 어디에도 속해 있지 않은 그 순간(the moment)의 것이다.

자발성에 대한 모레노의 생각은 조직화 개념에 관한 것이다. 그것은 행위자가 개인과 집단의 욕구를 모두 충족시키는 '현실' 에 참여하는 방식이다. 창의성은 새로운 현실을 만들어 내는 행위의 특성이다.

행위는 단순한 결과가 아니고 무대에서 이루어지는 일련의 것들이다. 행위에 대한 분석에는 상호작용을 시작하기 위해서 개인이 미리 갖추는 것들, 예를 들면 지각, 동기, 목적 등에 대한 것도 포함되어야 한다. 이러한 준비 상태는 행위자가 가장 기본적인 사회적 단위이고 사회원자를 구성하는 다른 행위자와 상호적인 공감, 텔레를 가지는 정도에 따라 순간순간 달라질 수 있다.

Warner는 모레노가 치료, 연기, 학습을 위한 개입과 사회적 자료 분석을 위해서 소개한 기법들에 대해서 계속해서 기술하고 있다. 계량사회학적 검사는 대인 간의 끌림과 거부의 연결망과 그 개인의 상호작용 준비성을 나타내 준다. 개인에 초점을 둔 사이코드라마와 집단에 초점을 둔 소시오드라마는 연구나 치료 목적으로 연속적인 무대 분석을 위해 상호작용을 반복하고 통제집단을 도입하는 것이 가능했다. 모레노에 따르면 사이코드라마도 집단심리치료의 한 형태며, 집단심리치료는 다른 사람에 대한 치료 대행자로 다른 구성원이나 집단을 활용함으로써 자연집단의 자기조절 기제를 보호하고 재현하기 위해서 고안된 것이다(Warner, 1954: 235). 참여 연구자인 당신 자신이 판별하고 측정할 수 있는 유일하게 적합한 도구다. 사이코드라마와 역할연기는 연구자를 분석하기 위해서도 사용될 수 있다.

요약평가에서 Warner는 『누가 살아남을까?』를 읽다 보면 모레노의 관심과 아이디어의 넓은 폭을 실감할 수 있으며, 그의 지칠 줄 모르는 열정 속에 임상가, 복음전도사, 과학적인 연구자로서의 활동이 서로 분명하게 분리되지 않고 있음을 알 수 있다고 하였다(Warner, 1954: 236). Warner는 임상적인 유용함과 이론의 적절성이 분리되어 평가되어야 한다고 하였다. 모레노의 통찰은 집단치료 실제에서 그 임상적인 유용함이 확인되었다. Dreikurs와 Corsini(1954)의 20년간의 집단치료에 대한 개관이 이를 증명해 준다. 이론의 적절성 면에서 모레노의 주요 기여에 대해서 Warner는 다음과 같이 기술하고 있다.

모레노는 이런 종류의 자료를 다루기 위해서는 치료자와

연구자 간에 자연스러운 유대가 있어야 함을 설득력 있게 명확히 제안하고 있다. 그의 과학적 포부는 임상적 및 치료적 관심이 과학적 연구의 꼭 필요한 하나의 구성 요소로 당당히 자리 잡는 것이었다(Warner, 1954: 237).

모레노의 방법은 초기에는 훨씬 더 모호했다. 사이코드라마는 제2차세계대전 동안과 그 후에 정신질환자 치료를 위해서 미국의 재향군인 병원에서 널리 활용되었다. 소시오드라마는 학교, 대학, 공동체 집단에서 인종 관련 사건이나 기타 사회 문제를 다루기 위해서 활용되었다. 계량사회학적 검사는 독서집단을 만들기 위해서 미국 학교체제에서 흔히 활용되었으며, 미군에서 인사 선발과 배치를 위해서 활용되기도 하였다.

이 장의 처음에서도 언급했듯이, 사이코드라마를 발전시키고 집단치료를 활성화시키기 위해서 모레노가 한 기여는 대부분의 사이코드라마 전문가가 여전히 그가 개발한 기본적인 기법을 변형해서 활용하고 있다는 점을 보더라도 분명히 알 수 있다. 사이코드라마에 관한 모레노의 저서는 사회과학 문헌에 흔히 인용된다. 사회과학인용지수(Social Science Citation Index)가 처음 발표된 1973년 이후부터 1983년까지 모레노의 업적에 대한 인용문 중 반이 사이코드라마에 대한 저서와 논문에 관한 것이었으며, 나머지 대부분은 『누가 살아남을까?』에 관한 것과 그외에 계량사회학에 관한 것이었다.

추도문

우리는 이 장을 추도문 형식으로 쓰인 세 글을 발췌해서 옮기는 것으로 끝맺으려 한다. '맺음말'은 모레노 사후에 쓰인 것이고 일부 글은 기념행사에서 발표된 것이다. 이 세 글을 소개하면서 「계량사회학」의 편집자인 Borgatta는 "이 세 글은…… 강조하는 것은 서로 조금씩 다르지만 모두 고인이 항상 강조했던 한 가지 원칙, 즉 우리의 기본적인 본성은 창조적이고 자발적인 우리의 능력을 통해서만이 충족될 것이라는 고인의 신념을 우리에게 전해 주고 있다."고 언급했다(Borgatta et al., 1975: 148).

모레노의 세 가지 기여

Borgatta(Borgatta et al., 1975)는 모레노의 첫 번째 기여로 당시 지배적이었던 프로이트 관점에 대한 대안으로서 치료적인 지향이 강한 행동이론을 발전시키는 데 미친 영향을 지적하였다. 두 번째 기여는 첫 번째 기여에 대한 또 다른 방식이라 볼 수 있다. 모레노는 '우연적인' 발견을 가져다 준 일련의 경험을 통해서 자신의 접근을 발전시켰다. 그는 실험자일 뿐만 아니라 예리한 관찰자였다. 그가 자발성과 창조성을 강조했지만, 그는 항상 패턴과 디자인에 대해 자각하고 있었던 것 같다. 그는 연극적인 기법을 치료 목적으로 활용할 수 있는 효용성에 대해서 인식하고 있었다. 그의 역할연기 기법은 많은 상황에서 많은 목적으로 사용될 수 있고 이 분야에 큰 기여를 하였다.

모레노는 사회질서의 일부인 사회적 통제력에 민감했다. 사이코드라마와 소시오드라마를 활용할 때, 그는 집단에서 보이는 행동에 관한 그의 지식을 때로는 직관적으로, 때로는 체계적인 관찰을 통해서 증명해 보였다. 집단은 사회적 지지, 합법화, 승인의 원천으로 사용될 수 있으며, 집단 세팅은 개인이 통찰을 얻고 학습하고 행동을 연습하는 장이 될 수 있다.

세 번째 기여는 계량사회학적 접근의 개발이다. 여기서 개발이라는 것은 단일한 절차에 관한 것이 아니고 전체 절차를 통틀어 일컫는 것이다. 모레노가 학문적 연구에 끼친 주요 영향은 바로 이 작업에 있다. 계량사회학적 접근은 심리치료적 적용이 경험세계에 보다 현실적으로 뿌리 내릴 수 있도록 해 주었다. 처음 그가 지적한 것은 사회원자였다. 사회원자는 다양한 수준에서 결합되어 사회질서의 틀이 된다.

모레노의 많은 기여들 중에서 기본적인 중요성을 가진 두 가지에 대해서는 이론의 여지가 없다. Samuel A. Stouffer는 전에 모레노에게 심취해 있는 한 젊은 학생에게 다음과 같이 얘기했다. "무엇보다도 우리 중 누가 역할연기와 계량사회학 검사가 한 지대한 기여에서 어떻게 벗어날 수 있겠는가?" (Borgatta et al., 1975: 151-152).

모레노, 계량사회학적 방법론 및 사회의 재설계

Boguslaw(Borgatta et al., 1975)는 사회과학자들이 대인관계 상황에서 타인에 대한 언어적 선택을 측정하고 분석하기 위한 과학적인 원리를 개발했지만, 그것은 모레노가 처음 출발해서 마음에 두었던 것과는 분명 거리가 있어 보인다고 하였다. 계량사회학에 대한 모레노의 개념을 이해하려면 치유자이자 철학자로서의 그의 자기상을 먼저 이해해야 한다. 계량사회학적 검사와 행위적 기법의 타당성은 사회를 재구성하는 데 얼마나 유용한가에 달려 있다. 인간이 변하지 않고 완벽하게 예언되며 자발성과 창조성이 실종된 사회라면, 그 속에 사는 개인은 인간답지 못한 인간이 될 수밖에 없을 것이다. 모레노는 사회를 객관적으로 관찰하기보다 스스로 사회적 운명을 적극적으로 떠맡아 수행하면서 실험하고 동시에 그 타당성을 확인해 보았다.

모레노는 산업화된 생산물이 범람하고 일상생활이 그에 의해 지배되다시피 하는 시대의 중심에 있는 미국에서 살기로 선택했다. 그가 인간을 위해서 한 가장 큰 기여는 심리적 굴레인 족쇄를 벗어던질 수 있게 해 주었다는 것이다. 그의 문화적 성향은 항상 변방을 향하도록 운명 지어져 있었다(Borgatta et al., 1975: 155). 모레노의 위대성이자 비극은 그가 변방을 향하도록 운명 지어진 사회에서 비주변인으로 살기로 선택했다는 점이다(Borgatta et al., 1975: 155).

모레노의 인류에 대한 이미지

Haskell(Borgatta et al., 1975)은 모레노가 20세기의 가장 위대한 지적 혁명자 중 한 사람임에 틀림없다고 하였다. 그의 업적이 통일되지 않고 산만하게 흩어져 있는 것처럼 보이지만, 한 가지 수렴하는 주제는 인류에 대한 그의 이미지다. 모레노는 과학적 통찰에 의해 수정된 새로운 종교를 지지했다. 개인의 창조적인 부분은 창조를 향한 무한한 역량을 지닌 신과 같은 부분이다. 모든 사람은 미래세계를 창조하는 데 계속해서 참여하고 있다. 이상적인 계량사회학적 사회에서는 모든 사람이 자신의 능력을 최대한 발휘할 수 있는 기회를 갖게 된다. 모든 사람이 살아남아야 한다. 개인, 사회원자, 사회적 연결망 간의 관계를 계량사회학적으로 분석함으로써, 그는 높은 응집력을 보이면서도 개인의 자유가 많이 보장되는 사회를 만들고 싶어 했다.

집단심리치료, 사이코드라마, 소시오드라마 등은 실험실 장면에서 사회적 관계를 탐색할 수 있는 기회를 사람들에게 마련해 주었다. 또한 집단 자체의 힘에 의해 생성된 치유의 기회를 제공해 주었다. 모레노 체계는 장애를 보이는 개인뿐만 아니라 기능에 문제가 있는 집단, 심지어 인류 전체를 대상으로 하도록 설계되었다(Borgatta et al., 1975: 160).

맺음말

Yablonsky(1976: 274-285)는 사이코드라마에 관한 자신의 책을 마무리하면서, 1949년 뉴욕대 대학원생 시절에 모레노가 이끌었던 사이코드라마 세미나에 참여했던 경험을 회상하였다. 그는 비콘에서 모레노에게서 사이코드라마 훈련을 받았고 사이코드라마를 전파하는 데 열정을 쏟았다. "모레노에 대해서 가장 기억에 남는 것은 그의 눈이다. 나는 나를 그토록 직접적이고 정직하게 그리고 강렬하게 쳐다보는 사람을 일찍이 만나 본 적이 없다."(Yablonsky, 1976: 279) Yablonsky는 학생들에게 강의를 하든, 환자와 작업을 하든, 책을 쓰든, 모레노가 자신의 중요한 역할 모델이 되었으며, 이 모든 활동은 종교적인 열정으로 통합되어 있었다고 하였다. 개인 지향의 치료가 지배적이었던 1950년대에 모레노가 집단적 접근을 제안한 것은 많은 치료자에게 위협적으로 다가왔다. 그래서 많은 치료자가 모레노를 적대시하기도 했다. 그러나 20년도 채 지나지 않아 많은 치료자가 집단과정과 사이코드라마의 타당성과 중요성을 인식하게 되었고, 임상 실제에 그 개념과 방법을 도입해서 활용하게 되었다.

Yablonsky가 모레노를 마지막으로 본 것은 1974년 4월이었다. 당시 모레노는 85세로 작은 발작이 있어 침대 신세를 지고 있었다. 모레노가 설립한 미국 집단심리치료와 사이코드라마 협회가 뉴욕에서 모임을 가졌다. 수백 명의 학생, 친구, 전문가가 그를 찾아 한 사람씩 그에게 존경을 표했다. Yablonsky가 방문했을 때, 모레노는 그에게 슬퍼할 일이 아니라고 말했다. "나는 충만한 삶을 살았다. 나는 내가 할 일을 했다. 그러니 이제 다른 일을 위해 갈 때가 되었다." (Yablonsky, 1976: 284) 심지어는 프로이트조차도 다음과 같이 말했다 "내가 좀 더 오래 살았더라면 나 역시 모레노 같은 사이코드라마 전문가가 되었을 것이다."(Yablonsky, 1976: 285).

우주적 인간 모레노

Wellman J. Warner는 모레노가 운명한 지 두 달 후에 비콘 연구소에서 열린 제르카가 준비한 추도식에서 연설을 부탁받았다.

> 그것은 사이코드라마적 만남이었다. 큰 텐트 안에는 전국 각지에서 온 모레노의 지인들로 붐볐다. 제르카는 빈 의자를 하나 놓아두었다. 한쪽에는 자신이 앉고 다른 한쪽에는

Warner가 앉았다. 한 사람씩 긴 행렬이 이어졌으며 모두 팔을 뻗어 빈 의자를 만지면서 모레노가 자신의 삶에 미친 영향에 감사하였다. 비탄에 빠지지 않고 축하하는 분위기 속에서 지난날의 추억을 회상하였다. 그것은 실로 잊지 못할 추도식이었다(Warner, 개인적 서한, 1978년 6월 25일).

연설에서 Warner는 그 모임을 뭔가에 빠져드는 '순간' 이었다고 표현하였다. 많은 수식어가 모레노에게 붙여졌다. 그의 업적은 특정한 분야에 제한해서 깔끔하게 기술될 수 없었다. "실로 대단한 것은 모레노가 모든 관습적인 전형을 깨면서 살았으면서도 모든 장소와 상황에서 평범한 한 사람으로서 우주를 이해했다는 점이다." (Warner, 개인적 서한, 1978년 6월 25일) 그는 모든 인간적인 정서를 가진 위대한 영혼이었으며, 모든 사람과 너무 완벽하게 동일시할 수 있었기 때문에 자신의 단점을 인정하고 즐길 줄 알았다. 모레노에게 삶과 창조성은 주관성의 현실 속에 있는 것이다. 그의 모든 주요 개념은 유일한 궁극적 현실인 주관성에 대한 상징적인 표현이다. "자기 자신, 현실, 신, 우주에 대한 인간의 경험은 주관적인 것으로, 지금 여기에서…… 모레노는 특별한 목소리를 지녔다. 즉, 우주적 인간의 역할을 외치는 보통 사람이었다." (Warner, 개인적 서한, 1978년 6월 25일)

| Jacob Levy Moreno의 주요 연구업적 목록 |

모레노의 주요 저서에 대한 간략한 목록이다. 모레노의 저서에 대한 완벽한 목록은 Hare(1986a)에게서 얻을 수 있다. 모레노의 출판 혹은 미출판된 자료의 복사본은 보스턴 하버드 의과대학 프랜시스 A. 카운트웨이 의학도서관에 소장되어 있다.

Moreno, J. L. (1934). *Who Shall Surviver? A New Approach to the Problem of Human Interrelations.* Washington, DC: Nervous and Mental Disease Publishing Co.

Moreno, J. L. (Ed.) (1945). *Group Psychotherapy: a Symposium.* Beacon, NY: Beacon House.

Moreno, J. L. (1947). *The Theatre of Spontaneity.* Beacon, NY: Beacon House. (Reprinted as third edition in 1980)

Moreno, J. L. (1951). *Sociometry, Experimental Method and the Science of Society.* Beacon, NY: Beacon House.

Moreno, J. L. (1953). *Who Shall Surviver? Foundations of Sociometry, Group Psychotherapy, and Sociodrama.* Beacon, NY: Beacon House. (Revised from 1934 edition. Reprinted as third edition in 1978)

Moreno, J. L. (1956). *Sociometry and the Science of Man.* Beacon, NY: Beacon House.

Moreno, J. L. (1957). *The First Book on Group Psychotherapy: 1932.* Beacon, NY: Beacon House.

Moreno, J. L. (1964). The third psychiatric revolution and the scope of psychodrama. *Group Psychotherapy, 17*(2-3), 149-171.

Moreno, J. L. (1970). The triadic system, psychodrama-sociometry-group psychotherapy. *Group Psychotherapy and Psychodrama, 23*(1-2), 16.

Moreno, J. L. (1971). *The Words of the Father.* Beacon, NY: Beacon House. (First published 1941)

Moreno, J. L. (1972). *Psychodrama: First Volume.* Beacon, NY:

Beacon House. (First edition 1946)

Moreno, J. L. (1989). The autobiography of J. L. Moreno, MD (edited by J. D. Moreno). *Journal of Group Psychotherapy, Psychodrama and Sociometry, 42*(1), 3-52 and *42*(2), 59-126.

Moreno, J. L. (1993). *Who Shall Survive?* (student edition, edited by Ann Hale). McLean, VA: American Society of Group Psychotherapy and Psychodrama. Roanoke, VA: Royal Publishing Company.

Moreno, J. L., with Friedmann, A., Battegay, R., & Moreno, Z. T. (Eds.) (1966). *The International Handbook of Group Psychotherapy.* New York: Philosophical Library.

Moreno, J. L., Jennings, H. H., Criswell, J. H., Katz, L., Blake, R. R., Mouton, J. S., Bonney, M. S., Northway, M. L., Loomis, C. P., Procter, C., Tagiuri, R., & Nehnevajsa, J. (Eds.) (1960). *The Sociometry Reader.* Glencoe, IL: Free Press.

Moreno, J. L., with Moreno, F. B. (1944). Spontaneity theory of child development. *Sociometry, 7,* 89-128.

Moreno, J. L., with Moreno, Z. T. (1959). *Psychodrama, Second Volume: Foundations of Psychotherapy.* Beacon, NY: Beacon House.

Moreno, J. L., & Moreno, Z. T. (1969). *Psychodrama, Third Volume: Action Therapy and Principles of Practice.* Beacon, NY: Beacon House.

Moreno, J. L., Moreno, Z. T., & Moreno, J. (1964). *The First Psychodramatic Family.* Beacon, NY: Beacon House.

| 참고문헌 |

Anthony, E. J. (1971). The history of group psychotherapy. In H. I. Kaplan, & B. J. Sadock (Eds.), *Comprehensive Group Psychotherapy*. Baltimore: Williams and Wilkins, pp. 4-31.

Bales, R. F. (1950). *Interaction Process Analysis: a Method for the Study of Small Groups*. Cambridge, MA: Addison-Wesley.

Berger, M. M. (1990). J. L. Moreno's autobiography: more than meets the eye. *Journal of Group Psychotherapy, Psychodrama and Sociometry, 42*(4), 213-221.

Berne, E. (1970). A review of *Gestalt Therapy Verbatim*. *American Journal of Psychiatry, 126*(10), 164.

Bischof, L. J. (1970). *Interpreting Personality Theories* (2nd edn). New York: Harper & Row.

Bjerstedt, A. (1963). [*Sociometric Methods*.] Uppsala: Almqvist and Wiksell.

Blake, R. R., & McCanse, A. A. (1989). The rediscovery of sociometry. *Journal of Group Psychotherapy, Psychodrama and Sociometry, 42*(3), 148-165.

Blatner, H. [A.] (1968). Comments on some commonly held reservations about psychodrama. *Group Psychotherapy, 21*(1), 20-25.

Blatner, H. A. (1973). *Acting-in: Practical Applications of Psychodramatic Methods*. New York: Springer.

Blatner, [H.] A., & Blatner, A. (1988). *Foundations of Psychodrama: History, Theory, and Practice*. New York: Springer.

Borgatta, E. F. (1968). Sociometry. In D. L. Sills (Ed.), *International Encyclopedia of the Social Sciences, 15*. New York: Macmillan and Free Press, pp. 53-57.

Borgatta, E. F., Boguslaw, R., & Haskell, M. R. (1975). On the work of Jacob L. Moreno. *Sociometry, 38*(1), 148-161.

Bramel, D. (1969). Interpersonal attraction, hostility, and perception. In J. Mills (Ed.), *Experimental Social Psychology*. New York: Macmillan, pp. 3-10.

Bruch, M. (1954). An example of the use of psychodrama in the relieving of an acute symptom in a psychiatric children's clinic. *Group Psychotherapy, 6*(3-4), 216-221.

Byrne, D., & Griffitt, W. (1973). Interpersonal attraction. *Annual Review of Psychology, 24*, 317-336.

Corey, G. (1985). *Theory and Practice of Group Counseling* (2nd edn). Pacific Grove, CA: Brooks/Cole.

Cottrell, L. S., & Goodenough, R. G. (1941). Developments in social psychology, 1930-1940. *Sociometry Monograph, 1.*

Cramer-Azima, F. J. (1990). Moreno—a personal reflection. *Journal of Group Psychotherapy, Psychodrama and Sociometry, 42*(4), 222-224.

Dreikurs, R., & Corsini, R. J. (1954). Twenty years of group psychotherapy. *American Journal of Psychiatry, 110*, 567-575.

Fox, J. (Ed.) (1987). *The Essential Moreno*. New York: Springer.

Fox, J. (1995). *Acts of Service: Spontaneity, Commitment, Tradition in the Nonscripted Theater*. New Paltz, NY: Tusitala Publishing.

Fromm-Reichmann, F., & Moreno, J. L. (Eds.) (1956). *Progress in Psychotherapy*. New York: Grune and Stratton.

Fuhlrodt, R. L. (Ed.) (1990). *Psychodrama: it's Application to Acoa and Substance Abuse Treatment*. East Rutherford, NJ: Perrin.

Glanzer, M., & Glazer, R. (1959). Techniques for the study of group structure and behavior: I. Analysis of structure. *Psychological Bulletin, 56*(5), 317-332.

Goldman, E., & Morrison, D. S. (1984). *Psychodrama: Experience and Process*. Dubuque, IA: Kendall/Hunt.

Greenberg, I. A. (Ed.) (1974). *Psychodrama: Theory and Therapy*. New York: Behavioral Publications.

Guldner, C. A. (Ed.) (1990a). Theme issue: psychodrama and sociometry in university education. *Journal of Group Psychotherapy, Psychodrama and Sociometry, 43*(2).

Guldner, C. A. (Ed.) (1990b). Theme issue: psychodrama and group work with adolescents. *Journal of Group Psychotherapy, Psychodrama and Sociometry, 43*(3).

Hale, A. E. (1985). *Conducting Clinical Sociometric Explorations. Roanoke,* VA: Royal Publishing Company.

Hare, A. P. (1976). *Handbook of Small Group Research.* New York: Free Press.

Hare, A. P. (1979). Moreno, Jacob L. In D. L. Sills (Ed.), *International Encyclopedia of the Social Sciences, 18.* New York: Macmillan, pp. 537-541.

Hare, A. P. (1982). *Creativity in Small Groups.* Beverly Hills, CA: Sage.

Hare, A. P. (1985). *Social Interaction as Drama.* Beverly Hills, CA: Sage.

Hare, A. P. (1986a). Bibliography of the work of J. L. Moreno. *Journal of Group Psychotherapy, Psychodrama and Sociometry, 39*(3), 95-128.

Hare, A. P. (1986b). Moreno's contribution to social psychology. *Journal of Group Psychotherapy, Psychodrama and Sociometry, 39*(3), 85-94.

Hare, A. P. (1992). Moreno's sociometric study at the Hudson School for Girls. *Journal of Group Psychotherapy, Psychodrama, and Sociometry, 45*(1), 24-39.

Hare, A. P. (1994). Types of roles in small groups. *Small Group Research, 25,* 433-448.

Hare, A. P., & Blumberg, H. H. (1988). *Dramaturgical Analysis of Social Interaction.* New York: Praeger.

Hare, A. P., Blumberg, H. H., Davies, M. F., & Kent, M. V. (1994). *Small Group Research: a Handbook.* Norwood, NJ: Ablex Publishing.

Hart, J. E. (Ed.) (1987). Special issue on sociometry. *Journal of Group Psychotherapy, Psychodrama and Sociometry, 40*(3).

Haskell, M. R. (1975). *Socioanalysis: Self-direction via Sociometry and Psychodrama.* Los Angeles, CA: Role Training Associates of California.

Homans, P., & Karp, M. (1991). *Psychodrama: Inspiration and Technique.* London: Tavistock/Routledge.

Holmes, P., Karp, M., & Watson, M. (Eds.) (1994). *Psychodrama since Moreno: Innovations in Theory and Practice.* London: Routledge.

Jennings, H. H. (1960). Sociometric choice process in personality and group formation. In J. L. Moreno et al. (Eds), *The Sociometry Reader.* Glencoe, IL: Free Press, pp. 87-112.

Kahn, S. (1964). *Psychodrama Explained.* New York: Philosophical

Library.

Kane, R. (1992). The potential abuse, limitations, and negative effects of classical psychodramatic techniques in group counseling. *Journal of Group Psychotherapy, Psychodrama and Sociometry, 44*(4), 181-189.

Kellermann, P. E. (1987). Outcome research in classical psychodrama. *Small Group Behavior, 18*(4), 459-469.

Kellermann, P. E. (1991). An essay on the metascience of psychodrama. *Journal of Group Psychotherapy, Psychodrama and Sociometry, 44*(1), 19-32.

Kellermann, P. E. (1992). *Focus on Psychodrama: the Therapeutic Aspects of Psychodrama.* London: Jessica Kingsley.

Kelley, H. H., Berscheid, E., Christensen, A., Harvey, J. H., Huston, T. L., Levinger, G., McClintock, E., Peplau, L. A., & Peterson, D. R. (1983). *Close Relationships.* New York: Freeman.

Kipper, D. A. (1978). Trends in the research on the effectiveness of psychodrama: retrospect and prospect. *Group Psychotherapy, Psychodrama and Sociometry, 31,* 5-18.

Kipper, D. A. (1968). *Psychotherapy through Clinical Roleplaying.* New York: Brunner/Mazel.

Kipper, D. A. (1988). On the definition of psychodrama: another view. *Journal of Group Psychotherapy, Psychodrama and Sociometry, 40*(4), 164-168.

Kreitler, H., & Elblinger, S. (1961). Psychiatric and cultural aspects of the opposition to psychodrama. *Group Psychotherapy, 14*(3-4), 215-220.

Landy, R. J. (1986). *Drama Therapy: Concepts and Practices.* Springfield, IL: Charles C. Thomas.

Langley, D. M., & Langley, G. E. (1983). *Dramatherapy and Psychiatry.* London: Croom Helm.

Leveton, E. (1977). *Psychodrama for the Timid Clinician.* New York: Springer.

Levinger, G. (1980). Toward the analysis of close relationships. *Journal of Experimental Social Psychology, 16,* 510-544.

Lindzey, G., & Borgatta, E. F. (1954). Sociometric measurement. In G. Lindzey, & E. Aronson (Eds), *Handbook of Social Psychology.* Reading, MA: Addison-Wesley, pp. 405-448.

Lindzey, G., & Byrne, D. (1968). Measurement of social choice and interpersonal attractiveness. In G. Lindzey, & E. Aronson (Eds),

Handbook of Social Psychology. Reading, MA: Addison-Wesley, pp. 452-525.
Marineau, R. F. (1989). *Jacob Levy Moreno 1889-1974: Father of Psychodrama, Sociometry, and Group Psychotherapy.* London: Tavistock/Routledge.
Maslow, A. H. (1968). Letter to the Editor. *LIFE Magazine.*
Masserman, J. L., & Moreno, J. L. (Eds.) (1957-1960). *Progress in Psychotherapy.* New York: Grune and Stratton.
Mead, G. H. (1950). *Mind, Self, and Society.* Chicago: University of Chicago Press.
Mendelson, P. (1989). The sociometric vision. *Journal of Group Psychotherapy, Psychodrama and Sociometry, 42*(3), 138-147.
Meyer, H. J. (1952). The sociometries of Dr. Moreno. *Sociometry, 15,* 354-363.
Moreno, J. L. (1914-1915). *Einladung zu einer Begegnung* [An invitation to a meeting]. Vienna: Anzengruber Verlag.
Moreno, J. L. (1919). Die Gottheit als Redner [The Godhead as orator/preacher]. *Daimon, 2,* 1-19.
Moreno, J. L. (1923a). *Das Stegreiftheater* [The theater of spontaneity]. Berlin-Potsdam: Kiepenheuer Verlag.
Moreno, J. L. (1923b). *Der Koenigsroman* [The king's novel]. Potsdam: Kiepenheuer Verlag.
Moreno, J. L. (1934). Who Shall Survive? *A New Approach to the Problem of Human Interrelations.* Washington, DC: Nervous and Mental Disease Publishing Co.
Moreno, J. L. (Ed.) (1945a). *Group Psychotherapy: a Symposium.* Beacon, NY: Beacon House.
Moreno, J. L. (1945b). Sociometry, Comtism and Marxism. *Sociometry, 8,* 117-119.
Moreno, J. L. (1947a). Progress and pitfalls in sociometric theory. *Sociometry, 10*(3), 268-272.
Moreno, J. L. (1947b). Sociometry and the social psychology of G. H. Mead. *Sociometry, 10*(4), 350-335.
Moreno, J. L. (1947c). *The Theatre of Spontaneity.* Beacon, NY: Beacon House. (Reprinted as third edition in 1980)
Moreno, J. L. (1949a). Origins and foundations of interpersonal theory, sociometry and microsociology. *Sociometry, 12*(1-3), 235-254.
Moreno, J. L. (1949b). Sociometry and Marxism. *Sociometry, 12*(1-3),

106-143.

Moreno, J. L. (1951a). Fragments from the psychodrama of a dream. *Group Psychotherapy, 3*(4), 344-364.

Moreno, J. L. (1951b). *Sociometry, Experimental Method and the Science of Society.* Beacon, NY: Beacon House.

Moreno, J. L. (1952). Current trends in sociometry. *Sociometry, 15*(1-2), 146-163.

Moreno, J. L. (1953). *Who Shall Survive? Foundations of Sociometry, Group Psychotherapy, and Sociodrama.* Beacon House. (Revised from 1934 edition. Reprinted as third edition in 1978)

Moreno, J. L. (1954). Old and new trends in sociometry: turning points in small group research. *Sociometry, 17*(2), 179-193.

Moreno, J. L. (1955a). Psychodrama. In J. L. McCary, & D. E. Sheer (Eds.), *Six Approaches to Psychotherapy.* New York: Dryden, pp. 289-340.

Moreno, J. L. (1955b). System of spontaneity-creativity-conserve: a reply to P. Sorokin. *Sociometry, 18*(4), 382-392.

Moreno, J. L. (1955c). The birth of a new era for sociometry. *Sociometry, 18*(4), 261-268.

Moreno, J. L. (1995d). The sociometric school and the science of man. *Sociometry, 18*(4), 271-291.

Moreno, J. L. (1955e). Theory of spontaneity-creativity. *Sociometry, 18*(4), 361-374.

Moreno, J. L. (1956). *Sociometry and the Science of Man.* Beacon, NY: Beacon House.

Moreno, J. L. (1957a). Psychodrama. In J. E. Fairchild (Ed.), *Personal Problems and Psychological Frontiers.* New York: Sheridan House.

Moreno, J. L. (1957b). *The First Book on Group Psychotherapy: 1932.* Beacon, NY: Beacon House.

Moreno, J. L. (1958). Comments [on the history of psychodrama]. *Group Psychotherapy, 11*(3), 260.

Moreno, J. L. (1959a). *Gruppenpsychotherapie und Psychodrama: Einleitung in die Theorie und Praxis.* Stuttgart: Thieme.

Moreno, J. L. (1959b). Psychodrama. In S. Arieti (Ed.), *American Handbook of Psychiatry.* New York: Basic Books, pp. 1375-1396.

Moreno, J. L. (1961). Psychodrama and sociodrama of Judaism and the Eichmann trial. *Group Psychotherapy, 14*(1-2), 114-116.

Moreno, J. L. (1964a). Psychodrama of murder, a joint trial of Lee

Harvey Oswald and Jack Ruby. *Group Psychotherapy, 17*(1), 61-62.

Moreno, J. L. (1964b). The third psychiatric revolution and the scope of psychodrama. *Group Psychotherapy, 17*(2-3), 149-171.

Moreno, J. L. (1967). Psychodrama. In A. M. Freedman, & H. I. Kaplan (Eds.), *Comprehensive Textbook of Psychiatry*. Baltimore: Williams and Wilkins.

Moreno, J. L. (1970). The triadic system, psychodrama-sociometry-group psychotherapy. *Group Psychotherapy and Psychodrama, 23*(1-2), 16.

Moreno, J. L. (1971). *The Words of the Father.* Beacon, NY: Beacon House. (First published 1941)

Moreno, J. L. (1972). *Psychodrama: First Volume.* Beacon, NY: Beacon House. (First edition 1946)

Moreno, J. L. (1973). Note on indications and contra-indications for acting out in psychodrama. *Group Psychotherapy and Psychodrama, 26*(1-2), 23-24.

Moreno, J. L. (1985). *Autobiography* (cited in Marineau, 1989).

Moreno, J. L. (1989a). The autobiography of J. L. Moreno, MD (edited by J. D. Moreno). *Journal of Group Psychotherapy, Psychodrama and Sociometry, 42*(1), 2-52.

Moreno, J. L. (1989a). The autobiography of J. L. Moreno, MD (edited by J. D. Moreno). *Journal of Group Psychotherapy, Psychodrama and Sociometry, 42*(2), 59-126.

Moreno, J. L. (1993). *Who Shall Survive?* (student edition, edited by Ann Hale). McLean, VA: American Society of Group Psychotherapy and Psychodrama. Roanoke, VA: Royal Publishing Company.

Moreno, J. L., & Borgatta, E. F. (1951). An experiment with sociodrama and sociometry in industry. *Sociometry, 14*(1), 71-104.

Moreno, J. L., & Dunkin, W. S. (1941). The function of the social investigator in experimental psychodrama. *Sociometry, 4,* 392-417.

Moreno, J. L., & Enneis, J. M. (1950). Hypnodrama and psychodrama. *Psychodrama Monographs,* no. 27.

Moreno, J. L., & Friedemann, A., Battegay, R., & Moreno, Z. T. (Eds.) (1966). *The International Handbook of Group Psychotherapy.* New York: Philosophical Library.

Moreno, J. L., & Jennings, H. H. (1938). Statistics of social configurations. *Sociometry, 1*, 342-374.

Moreno, J. L., Jennings, H. H., Criswell, J. H., Katz, L., Blake, R. R., Mouton, J. S., Bonney, M. S., Northway, M. L., Loomis, C. P., Procter, C., Tagiuri, R., & Nehnevajsa, J. (Eds.) (1960). *The Sociometry Reader.* Glencoe, IL: Free Press.

Moreno, J. L., Jennings, H. H., & Sargent, J. (1940). Time as a quantitative index of inter-personal relations. *Sociometry, 3*, 62-80.

Moreno, J. L., with Jennings, H. H., & Stockton, R. (1943). Sociometry in the classroom. *Sociometry, 6*, 425-428.

Moreno, J. L., & Moreno, F. B. (1944). Spontaneity theory of child development. *Sociometry, 7*, 89-128.

Moreno, J. L., with Moreno, Z. T. (1959). *Psychodrama, Second Volume: Foundations of Psychotherapy.* Beacon, NY: Beacon House.

Moreno, J. L., with Moreno, Z. T. (1969). *Psychodrama, Third Volume: Action Therapy and Principles of Practice.* Beacon, NY: Beacon House.

Moreno, J. L., Moreno, Z. T., & Moreno, J. (1964). *The First Psychodramatic Family.* Beacon, NY: Beacon House.

Moreno, J. L., & Toeman, Z. (1942). The group approach in psychodrama. *Sociometry, 5*, 191-196.

Moreno, Z. T. (1965). Psychodramatic rules, techniques, and adjunctive methods. *Group Psychotherapy, 18*, 73-86.

Moreno, Z. T. (1969a). Moreneans, the heretics of yesterday are the orthodoxy of today. *Group Psychotherapy, 22*(1-2), 1-6.

Moreno, Z. T. (1969b). The seminal mind of J. L. Moreno and his influence upon the present generation. In J. L. Moreno, with Z. T. Moreno, *Psychodrama, Third Volume: Action Therapy and Principles of Practice.* Beacon, NY: Beacon House, pp. 247-258.

Moreno, Z. T. (1976). In memoriam: J. L. Moreno. *Group Psychotherapy, Psychodrama and Sociometry, 29*, 130-135.

Moreno, Z. T. (1978). Psychodrama. In H. Mullan, & M. Rosenbaum (Eds.), *Group Psychotherapy, Theory and Practice* (2nd edn). New York: Free Press.

Moreno, Z. T. (1983). Psychodrama. In H. I. Kaplan, & B. J. Sadock (Eds.), *Comprehensive Group Psychotherapy* (2nd edn). Baltimore: Williams and Wilkins.

Murphy, G., & Murphy, L. B. (1931). *Experimental Social Psychology*. New York: Harper.

Nehnevajsa, J. (1956). Sociometry: decades of growth. In J. L. Moreno (Ed.), *Sociometry and the Science of Man*. Beacon, NY: Beacon House, pp. 48-95.

Nolte, J. (1989). Remembering J. L. Moreno. *Journal of Group Psychotherapy, Psychodrama and Sociometry, 42*(3), 129-137.

Rabson, J. S. (1979). *Psychodrama: Theory and Method*. Cape Town: University of Cape Town, Department of Sociology.

Remer, R. (1995). Strong sociometry: a definition. *Journal of Group Psychotherapy, Psychodrama and Sociometry, 48*(2), 69-74.

Rockwell, T. (1987). The social construction of careers: career development and career counseling viewed from a sociometric perspective. *Journal of Group Psychotherapy, Psychodrama and Sociometry, 40*(3), 93-107.

Roethlisberger, F. J., & Dickson, W. J. (1939). *Management and the Worker*. Cambridge, MA: Harvard University Press.

Sahakian, W. S. (Ed.) (1972). *Social Psychology: Experimentation, Theory, Research*. Scranton, PA: Intext Educational Publishers, pp. 156-163.

Salas, J. (1993). *Improvising Real Life: Personal Story in Playback Theatre*. Dubuque, IA: Kendall/Hunt.

Sasson, F. (1990). Psychodrama with adolescents: management techniques that work. *Journal of Group Psychotherapy, Psychodrama and Sociometry, 43*(3), 121-127.

Schutz, W. (1971). *Here Comes Everybody*. New York: Harper and Row.

Shaffer, J. B. P., & Galinsky, M. D. (1974). *Models of Group Therapy and Sensitivity Training*. Englewood Cliffs, NJ: Prentice-Hall.

Shoobs, N. E. (1956). Role-playing in the individual psychotherapy interview. *Journal of Individual Psychology, 20*(1), 84-89.

Sorokin, P. A. (1949). Concept, tests, and energy of spontaneity-creativity. *Sociometry, 12*(1-3), 215-224.

Sorokin, P. A. (1955). Remarks on J. L. Moreno's theory of spontaneity and creativity. *Sociometry, 18*(4), 374-382.

Starr, A. (1977). *Rehearsal for Living: Psychodrama*. Chicago: Nelson Hall.

Sternberg, P., & Garcia, A. (1989). *Sociodrama: Who's in your Shoes?* New York: Praeger.

Stein, M. B., & Callahan, M. L. (1982). The use of psychodrama in individual psychotherapy. *Journal of Group Psychotherapy, Psychodrama, and Sociometry, 35*(3), 118-129.

Strodtbeck, F. L., & Hare, A. P. (1954). Bibliography of small group research (from 1900 through 1953). *Sociometry, 17*(2), 107-178.

Swanson, G. E., Newcomb, T. M., & Hartley, F. L. (Eds.) (1952). *Readings in Social Psychology*. New York: Henry Holt.

Toeman, Z. (1949). History of the sociometric movement in headlines. *Sociometry, 12*(1-3), 255-259.

Treadwell, T. W., Stein, S., & Kumar, V. K. (1990). A survey of psychodramatic action and closure techniques. *Journal of psychotherapy, psychodrama and Sociometry, 43*(3), 102-115.

Walton, H. (Ed.) (1971). *Small Group Psychotherapy*. Harmondsworth: Penguin.

Warner, W. J. (1954). Sociology and psychiatry. *The British Journal of Sociology, 5*(3), 228-237.

Wellman, M. (1963). Basic principles of Moreno's contribution to psychology. *Group Psychotherapy, 16*(4), 260-284.

Whyte, W. F. (1943). *Street Corner Society*. Chicago: University of Chicago Press.

von Wiese, L. (1949). Sociometry. *Sociometry, 12*(103), 202-214.

Williams, A. (1989). *The Passionate Technique: Strategic Psychodrama with Individuals, Families, and Groups*. London: Tavistock/Routledge.

Wolson, P. (1971). Loss of impulse control in psychodrama on inpatient services. *Handbook of International Sociometry, 6*, 73-83.

Yablonsky, L. (1968). Psychodrama and sociometry: an appraisal. In I. A. Greenberg (Ed.), *Psychodrama and Audience Attitude Change*. Beverly Hills, CA: Behavioral Studies Press, pp. 239-248.

Yablonsky, L. (1976). *Psychodrama: Resolving Emotional Problems through Role-Playing*. New York: Basic Books.

| 찾아보기 |

인 명

내 용

지은이 소개

A. P. Hare

BenGurion 대학교 사회학과 명예교수이며 소집단, 드라마, 창조성 등에 관한 수많은 책을 저술하고 편집했다.

J. R. Hare

사이코드라마티스트로 활동 중이며 BenGurion 대학교에서 강의를 하고 있다. 저서에는 『사이코드라마: 이론과 방법』 등이 있다.

옮긴이 소개

서수균

서울대학교 심리학과를 졸업하였으며, 동 대학원에서 임상심리학 전공으로 석사와 박사 학위를 받았다. 서울대병원에서 임상심리 수련과정을 마쳤으며, 서울대학교 대학생활문화원에서 전임상담원으로 근무하였다. 임상심리전문가, 정신보건임상심리사(1급), 상담심리전문가 자격증을 취득하였으며, 현재 부산대학교 심리학과 교수로 재직 중이다. 저서에는 『분노와 관련된 인지적 요인과 그 치료적 함의』, 『불면증』 등이 있으며, 역서에는 『합리적 정서행동치료』와 『심리도식치료』(이상 공역) 등이 있다.

상담과 심리치료 주요인물 시리즈 12

제이콥 모레노 JACOB LEVY MORENO

2008년 2월 11일 1판 1쇄 인쇄
2008년 2월 15일 1판 1쇄 발행

지은이 • A. P. Hare · J. R. Hare
옮긴이 • 서수균
펴낸이 • 김진환
펴낸곳 • 학지사
121-837 서울특별시 마포구 서교동 352-29 마인드월드빌딩 5층
대표전화 • 02)326-1500 / 팩스 02)324-2345
홈페이지 • http://www.hakjisa.co.kr
등 록 • 1992년 2월 19일 제2-1329호

ISBN 978-89-5891-615-4 93180

정가 12,000원